Beate Helm

Psychologische Astrologie

Ausbildung Band 3

Stier - Venus

Besitz – Sicherheit – Genuss – Finanzen

Satya-Verlag

Titelbild: Christos Georghion (fotolia.com)
Horoskopzeichnungen erstellt mit dem Programm Astrocontact Astroplus (www.astrocontact.at)

Haftungsausschluss

Die Benutzung dieses Buches und die Umsetzung der darin enthal-tenen Informationen erfolgt ausdrücklich auf eigenes Risiko. Der Verlag und die Autorin können für Schäden jeder Art, die sich bei der Anwendung der in diesem Buch aufgeführten Informationen, Empfehlungen und Übungen ergeben, aus keinem Rechtsgrund eine Haftung übernehmen. Haftungsansprüche, Rechts- und Scha-denersatzansprüche sind daher ausgeschlossen. Für die Inhalte von den in diesem Buch abgedruckten Internetseiten sind ausschließ-lich deren Betreiber verantwortlich. Verlag und Autorin distanzie-ren sich daher von allen fremden Inhalten. Zum Zeitpunkt der Verwendung waren keinerlei illegalen Inhalte auf den Webseiten vorhanden.

ISBN: 3-944013-30-1
ISBN-13: 978-3-944013-30-5

WICHTIGE HINWEISE

Die in dieser Buchreihe aufgeführten Methoden, Therapien und Übungen dienen der Persönlichkeitsentwicklung und Selbstheilung. Sie unterstützen darin, Bewusstheit in sein Leben zu bringen und eigenständig seine inneren Potenziale umzusetzen. Mit der Heilung oder Linderung körperlicher Beschwerden und psychischer Erkrankungen können diese Methoden und Übungen nicht in Zusammenhang gebracht werden. Wenn in dem vorliegenden Buch in der Medizin gebräuchliche Begriffe wie Heilung, Therapie oder Diagnose verwendet werden, so ist dies nicht im Sinne der Schulmedizin und des Heilpraktikergesetzes, sondern im auf den seelisch-geistigen Bereich übertragenen Sinn zu verstehen.

INHALTSVERZEICHNIS

Dank   A

1 Zuordnungen und Verwirklichungsfelder 1

2 Die 12 Stier-Venus-Konstellationen   9

3 Heimkehr in die Essenz der Ahnen   90

4 Stier-Venus-Analyse und –Synthese   92
   von Cher

5 Analysebogen Stier-Venus   98

6 Stier-Venus-Fragebogen   100

7 Lösungen   108

DANK

Mein Dank gilt in der Astrologie sehr vielen Autoren, die mich in den letzten 30 Jahren inspiriert haben. Eingestiegen bin ich mit Wolfgang Döbereiner. Am meisten beeinflusst hat mich immer wieder Peter Orban.

Besonders danke ich meinen Eltern Karl und Irene und meinen Geschwistern Uwe und Claudia, die auf meinem sehr unkonventionellen Lebensweg immer fest an meiner Seite standen.

A

1. ZUORDNUNGEN UND VERWIRKLICHUNGSFELDER

Grundeigenschaften

- Abgrenzung
- Sicherheit
- Finanzen und anderer Besitz
- Genussfreude

Aktive Form

- Abgrenzung als eigene Persönlichkeit
- Eigentum, Besitz
- Bequemlichkeit
- Stoisch, stur
- Gewohnheits- und Herdentier
- Gaumenfreuden, Gourmet
- Wein, Weib/Kerl und Gesang
- Sich und andere verwöhnen
- Lust und Sinnlichkeit
- Geldgier und Geiz
- Sich als Eigentümer über seine inneren Anlagen erkennen
- Von seiner Gesamtheit vollkommen Besitz ergreifen
- Was einem wirklich (auch im eigenen Inneren) von Wert ist
- Vorräte schaffen, hamstern
- Bezug zu Immobilien / Bankwesen / Wirtschaft
- Gastronomie

1

Passive Form

- Seine Finanzen von außen bestimmt bekommen (Partner, Finanzamt)
- Zuschauer von Denver o.a. Fernsehserien mit viel Geld und Besitz
- Hohes Trägheitsmoment
- Schulden, als Zeichen eines Defizits an Umsetzungsfähigkeit seiner inneren Werte zu Geld
- Sich allgemein anerkannte Ersatzwerte zulegen anstelle der Wertschaffung nach individuellen Maßstäben

Entsprechungen in der körperlichen Erscheinung

- Sehr stabiler Körperbau
- Kompakt, schwerfällig, behäbig
- Sinnliche Rundungen, gemächlich

2. Körperliche Zuordnungen

- Nacken
- Hals, Kehle
- Speicheldrüsen
- Immunsystem (Fähigkeit zur Abgrenzung, während die Fähigkeit zu aktiver Abwehr Mars unterstellt ist).

Krankheitsdispositionen

- Erkrankungen im körperlichen Entsprechungsbereich

2

- Eher chronische Erkrankungen

Empfehlenswerte Therapieformen

- Anregung der Genussfreude, der Sinnlichkeit
- Ernährungstherapie
- Geld anhäufen und zählen
- Förderung der Natur- und Erdverbundenheit
- Indianische Rituale (Verbindung mit Mutter Erde)

Zuordnungen aus der Natur und Naturheilkunde

Farben
- wiesengrün (Naturverbundenheit)
- braun (Erde)

Ätherische Öle
- Salbei
- Cajeput
- Eukalyptus (Hals)
- Styrax
- Vetiver.

Blütenessenzen
- Cayenne
- Chrysanthemum
- Corn
- Hound's Tongue
- Star Thistle
- Tansy
- Trillium

3

Metall
- Kupfer

Edelsteine
- Bernstein
- Goldberyll

Atemübung

- Durch die Nase in den Hals einatmen,
- Luft 5 Sekunden anhalten,
- durch die Nase ausatmen,
- 5 Sekunden Atempause.

Körperübung

Entspannung der Nackenmuskulatur

Den Kopf langsam soweit wie möglich nach links drehen; wenn der Kopf möglichst nach hinten schaut, auch noch mit den Augen nach links blicken; diese Stellung ca. 30 Sekunden oder auch länger halten; dann die Augen wieder geradeaus richten und den Kopf langsam zurück zur Mitte bewegen; dann den Kopf langsam und sanft nach links in Richtung Schulter fallen lassen, 30 sec. oder länger in der Stellung bleiben, dann den Kopf wieder aufrichten in die Mitte; dieselbe Übung nach rechts ausführen; bei Bedarf noch zweimal wiederholen.

Danach den Kiefer nach vorne schieben und aus dieser Stellung heraus den Kopf nach unten senken, Kinn in Richtung Hals, den Kopf locker fallenlassen; Stellung halten; Kopf zurück zur Mitte; Kopf sanft und langsam nach hinten senken, kurz den Kopf so belassen, zurück zur Mitte; bei Bedarf auch in diese beiden Richtungen die Übung zweimal wiederholen.

Kunsttherapie

- Tanztherapie: Bauchtanz

- Musiktherapie: z. B. arabische, orientalische Musik

- Biblio- und Poesietherapie: alles über Finanzen, Sparen, Steuern, Aktien, Versicherungen, Wirtschaft; Lebensgenuss, sinnliche Freuden, Ernährung und Kochen lesen oder selbst schreiben.

- Filmtherapie: Wirtschaftssendungen; Sendungen über kulinarische Genüsse, Kochkünste und die Belebung der anderen Sinne; Naturfilme, Thema Sicherheit und innerer und äußerer Reichtum.

Projektionsflächen / Möglichkeiten zum symbolischen Ausleben

- Geld, Finanzwelt, Reichtum, Banken, Finanzamt
- Versicherungen, Sparbriefe
- Zäune, Mauern, Grenzen
- Delikatessen, Schlemmereien

Grundangst

- Schulden, Bankrott
- Jede Art von Sicherheitsverlust
- Seine Schranken fallen zu lassen

Abwehrmechanismen

- Geldansammlung über den realen Bedarf hinaus
- Schuldenberge, um Reichtum vorzugaukeln, der gar nicht da ist, weil die individuellen Fähigkeiten nicht entwickelt und konkret in Geld umgesetzt werden.
- Geld ist niedrige Materie und unspirituell.
- Kommunistisches Denken
- Es zählen nur die inneren Werte des Menschen.
- Wer sich abgrenzt, ist verschlossen, "dicht", nicht offen für seine Umwelt.

Lösung

= Grundförderung des Prinzips

- Sich als eigene Persönlichkeit in seiner individuellen Weise abzugrenzen
- Seine gesamten Persönlichkeitsanteile konkretisieren, als inneres Startkapital erkennen und durch aktive Förderung in Besitz nehmen
- Umsetzung davon in Geld und materiellen Besitz
- Seine besondere Art, Sicherheit zu gewinnen, erkennen und praktisch verwirklichen.
- Sich abgrenzen
- Seine Form finden, das Leben zu genießen.

DIE VERWIRKLICHUNGSFELDER

1. Genuss

Womit kann ich mich am besten verwöhnen (lassen)?

2. Sicherheit

Was vermittelt mir am meisten das Gefühl von Sicherheit?
Was ist mir wirklich von Wert?

3. Innerer und äußerer Besitz

Welche Eigenschaften muss ich entwickeln (innerer Besitz), um am besten Reichtum in Form von Geld zu erwirtschaften?

4. Umgang mit Finanzen

Wie gehe ich mit Geld um?

5. Abgrenzung

Wie und mit welchen Eigenschaften kann ich mich am besten abgrenzen?

6. Lieblingsprojektionen

Wie sehen die negativen Außenbilder als Ergänzung nicht entwickelter Stier-Venuskräfte aus? Welche Erkrankungen können Ausdruck einer passiven Manifestation sein?

2. DIE 12 STIER-VENUS-KONSTELLATIONEN

1. STIER-VENUS - MARS

Tierkreiszeichen Stier im 1. Haus / Tierkreiszeichen Widder im 2. Haus
Venus im Widder (Mars im Stier)
Venus im 1. Haus (Mars im 2. Haus)
Aspekte zwischen Venus und Mars
Aspekte zwischen Venus und AC

Natürlich gilt bei der astrologischen Interpretation, dass die Venus der Stier- und der Waagekraft zugeordnet ist. Zum Kennenlernen der beiden Energien wird hier zuerst die Stier-Venus alleine und später die Waage-Venus für sich genommen erläutert. Dasselbe gilt für Merkur, der den Zeichen Zwillinge und Jungfrau zugeordnet ist.

Essenz

Genuss und Sicherheit durch Körper und Aktivität.

Grundspannung

Sicherheitsstreben --- Impulsivität.

Lösung

Einsatz von Geld und gewonnener Sicherheit zur Durchsetzung und Selbstbehauptung.

Einsatz von Durchsetzung und Tatkraft zur Schaffung seiner materiellen Basis.

Selbstbild

Ich setze mich durch und kämpfe, also besitze ich.

1. Genuss

Körperlichkeit

Die Venus/Mars-Persönlichkeit kann am meisten ihren Körper genießen. Sexuelle wie sportliche Betätigung bereiten ihr genauso Lust wie jede andere Art von körperlicher Arbeit. Sie kann sowohl bei sich selbst als auch bei anderen eine durchtrainierte, sportliche Erscheinung als Genuss empfinden.

Ein zweiter wichtiger Sektor stellen Aktivität, Initiative und Kampfgeist dar.

Ihre Sinnlichkeit wird erweckt durch körperliche Reize, eine sportliche Figur und deutliche, direkte sexuelle Avancen.

Sie genießt es, sich nicht bremsen, nicht artig sein zu müssen, sondern in dem vollen Elan ihrer überschäumenden Energie impulsiv und ohne nachzudenken auf ihre Ziele, auf die sich stellenden Herausforderungen zugehen und ihre Interessen durchsetzen zu können.

Sie braucht Auslauf, freie Beweglichkeit, braucht die Möglichkeit, dem Leben direkt, forsch und offen zu begegnen, um es genießen zu können.

2. Sicherheit

Der tatkräftige Kämpfer

Die Venus/Mars-Persönlichkeit fühlt sich sicher, wenn sie über körperliche Fitness und Stärke verfügt und es gelernt hat, ihre Eigeninteressen mit Energiekraft durchzusetzen, wenn sie sich erfolgreich behaupten kann. Auch die Fähigkeit, etwas in Angriff zu nehmen, ins Leben zu rufen und zu starten, vermitteln ihr das Gefühl, aus sich heraus und auf sich alleine gestellt, sicher zu sein. Sie baut am besten ihren Selbstwert auf ihrem körperlichen Potenzial, ihrem Durchsetzungsvermögen und ihrer Initiativekraft auf.

Sie fühlt sich sicher, wenn sie sich in jeder Situation auf ihren Kampfgeist und ihre Fähigkeit, immer wieder aufzustehen, sich alleine aufzurichten und von Neuem zu beginnen, verlassen kann.

3. Innerer und äußerer Reichtum

Mut und Durchsetzungskraft

Die Entwicklung von Tatkraft und Aktivität sowie der Einsatz von Mut und Risikobereitschaft sind die Grundlagen der Venus/Mars-Persönlichkeit, um zu Geld zu gelangen. Es bedarf ihrer Direktheit, ihrer Impulsivität und ihres unaufhörlichen Drangs, etwas Neues zu wagen, um sich eine materielle Basis zu schaffen.

Sie kann sich im Bereich von Körper (z. B. Körperarbeit), Sexualität, Sport und Fitness betätigen oder ständig neue Unternehmungen starten, (die ggf. andere, ausdauernde Menschen weiterführen) als Ausgangspunkt für finanziellen Reichtum.

Es ist wichtig für sie, nicht lange zu denken, zu planen und zu zögern, sondern sofort zur Aktion, zur Tat zu schreiten und ihre Ideen, ihre Bedürfnisse durch Kampf zu befriedigen.

4. Umgang mit Finanzen

Gewagt bis unüberlegt

Ist Geld und Besitz erst einmal erwirtschaftet, entbehrt die Venus/Mars-Persönlichkeit jeglicher Überlegung, es einzusetzen und zu mehren. Sie investiert mutig nach dem Motto "wer nicht wagt, der nicht gewinnt" mit vollem Risiko, was ihr von der schnellen Handlungsfähigkeit her Vorteile, von dem Mangel an Analyse und Vorausschau Nachteile bringen kann.

Finanzielle Transaktionen sind zügig abgewickelt und werden von ihr ehrlich bis naiv abgeschlossen. Sie kann ihr Geld einsetzen für körperliche Aktionen (Sport etc.) oder um Pilotprojekte zu starten.

5. Abgrenzung

Der Angreifer

Die Venus/Mars-Persönlichkeit verfährt nach dem Wahlspruch "Angriff ist die beste Verteidigung", um sich gegen ihre Umgebung abzugrenzen. Notfalls schlägt sie auch mal zu, um ihren Eigenraum zu verteidigen. Sie zeigt die Zähne, damit gar keiner erst auf die Idee kommt, sich mehr zu nähern, als ihr lieb ist.

Mit ihrer Fähigkeit zur Selbstbehauptung, ihrer Art der neuen Aktivitäten, mit ihrer Tatkraft und ihrer kämpferischen Haltung schafft sie Grenzen um ihre Person und steckt klar und deutlich ihr Revier ab.

6. Lieblingsprojektionen

Geldgierige, geizige Männer; Kredithaie, Geldgeier; Kapitalisten; Geld und Besitz allgemein als Feindbild, als etwas Niedriges, Verdammenswertes, Unspirituelles.

Auf körperlicher Ebene als Zeichen der passiven Manifestation: blutige oder entzündliche Verletzungen des Nacken- und Kehlbereichs; z. B. Mandelentzündungen, Kehlkopfentzündungen.

Konkrete Förderungen der Stier-Venus/Mars-Persönlichkeit

- Ihren größten Genuss in ihrem Körper, in Sport und Sexualität erkennen und ausbauen

- Sich inneren und äußeren Besitz durch Kampfgeist, Neugründungen, Risikobereitschaft, Aktivität und Selbstbehauptung erwirtschaften

- Ihre Geldgier zulassen und ihr ein klares Ventil schaffen

- Körperliche Stärke und Fitness üben, um sich sicher zu fühlen

- Geld verdienen mit Hilfe von Körper, Sport und Sex sowie Pioniergeist und kämpferischer Durchschlagkraft

- Ihr Geld ausgeben für ihre Körperbedürfnisse oder ihre gestarteten Initiativen

- Sich abgrenzen mit körperlicher Kraft oder vorbeugendem Angriff

- Genussvolle Bewegungsmeditationen.

ÜBUNGEN A

1. Wie können sich Personen mit folgenden Konstellationen am besten abgrenzen:
a. Venus im Widder im 3. Haus?
b. Venus im Widder im 10. Haus?
c. Venus im Widder im 11. Haus?

2. STIER-VENUS - STIER–VENUS

Tierkreiszeichen Stier im 2. Haus
Venus im Stier
Venus im 2. Haus

Essenz

Sicherheit und Besitz

Grundspannung

Keine, da zwei gleiche Energien zusammenkommen.

Selbstbild

Ich habe meine Fähigkeiten, meine Persönlichkeit als mein reales Eigentum erkannt und entwickelt, also besitze ich.

1. Genuss

Der totale Genießer

Hier trifft die Stier-Venusenergie auf ihre eigene Kraft und wird dadurch in ihrer Grundanlage verstärkt und potenziert. Die Lust an der Sinnlichkeit, an kulinarischen Genüssen, an stundenlangen, gemächlichen Schlemmereien, bei denen einem die Leckerbissen langsam auf der Zunge vergehen, ist besonders ausgeprägt und kann zu immer neuen Steigerungen führen.

Auch Geld im Überfluss, das Baden des Dagobert Duck in seinen Goldstücken sind typische Bilder, die die Venus/Venus-Konstellation aktivieren und ausmachen.

Wein, Weib (Kerl) und Gesang, sich in der Hängematte räkeln, verwöhnt mit köstlichen Trauben und geschickten Händen oder bei einem Gelage im alten Rom, in dem ausschließlich den sinnlichen Gelüsten gefrönt wird, gehören in ihrer Ursprünglichkeit zu dieser Person. Ihre Sinnlichkeit wird erweckt durch eine Fülle von Geld, durch Wohlleben und Schlemmertum.

2. Sicherheit

Materie

Sicherheit ist ein wesentliches Thema für die Venus/Venus-Persönlichkeit. Sie verfügt über die Bereitschaft, viel zu arbeiten, um sich ihre materielle Basis zu verschaffen. Egal ob es sich um ein Höchstmaß an Versicherungsabschlüssen, den Erwerb von Immobilien oder anderen verlässlichen, langfristigen Anlagen handelt, sie versteht es, einen soliden finanziellen Grundstock zu erwerben.

Sicherheit bedeutet für sie greifbare, sichtbare Besitztümer, seien dies nun fest verzinste Sparbriefe, Gold- oder Münzvorräte oder andere inflationssichere, materielle Güter.

Auch die Fähigkeit, ein fest umzäuntes Revier zu besitzen (sowohl innerlich als auch äußerlich) und sich abzugrenzen, verstärkt das Gefühl der Sicherheit.

3. Innerer und äußerer Besitz

Die stabile Finanzwelt

Die Fähigkeit, sich nur mit sicheren Anlagen zu beschäftigen, zu rechnen, sich kaufmännische Kenntnisse anzueignen, zu sparen und finanziell zu haushalten, ermöglichen der Venus/Venus-Persönlichkeit, sich zur Expertin im persönlichen oder auch überpersönlichen Wirtschaftsleben zu entwickeln und eine stabile Finanzbasis zu erarbeiten.

Ausreichend Geld, Immobilien, Grundstücke ihr eigen zu nennen sowie die Aussicht auf regelmäßige Geldeinnahmen, d.h. die Möglichkeit, materielle Vorräte zu horten, stellt für sie ihren wichtigsten Besitz dar.

Tiefer betrachtet ist sie in der Lage, ihre Gesamtpersönlichkeit in Besitz zu nehmen und sie als den wahren Grundstock ihres Reichtums (der sich natürlich auch außen spiegeln kann) zu erfassen.

4. Umgang mit Finanzen

Die sichere Anhäufung

Da für die Venus/Venus-Persönlichkeit Geld ein hoher Wert darstellt, arbeitet sie ständig daran, es sich in sicherer Weise zu erwirtschaften und es stetig und sicher zu mehren. Dafür nutzt sie zuverlässige Anlagen wie Immobilien und Grundstücke, abschätzbare Aktien oder fest verzinste Wertpapiere.

Sie geht keine oder nur sehr genau kalkulierbare Risiken ein. Am liebsten sind ihr Güter, die greifbar und sichtbar sind. Mit ihrer Verhaltensweise wird sie zwar keine plötzlichen Riesengewinne einfahren, aber dafür langfristig ein sicheres, solides Vermögen aufbauen können. Dieses lässt sie entweder weiter arbeiten oder investiert es für ihr Bedürfnis nach Genuss und Sinnlichkeit.

5. Abgrenzung

Die Festung

Die Fähigkeit, sich ein Revier zu bilden und nach außen Grenzen zu ziehen und zu verteidigen, ist bei dieser Konstellation stark ausgeprägt. Die Art und Weise, dies zu tun, verläuft erneut über Geld und Besitz.

Je höher das Bankkonto, je größer und sicherer der materielle Reichtum, umso mehr fühlt sich die Venus/Venus-Persönlichkeit in der Lage, ihren Eigenraum zu behaupten und sich als Persönlichkeit abzugrenzen.

Es ist daher unumgänglich, sich eine zuverlässige, reichhaltige Einkommensquelle zu erschließen, um auch in diesem Stier-Bereich sein Potential entwickeln zu können.

Eine weitere Form und Möglichkeit zur Abgrenzung stellt die Entwicklung der eigenen Art der Sinnlichkeit und der Genussfreude dar.

6. Lieblingsprojektionen

Reiche, Materialisten, Kapitalisten, Geld; Leute, denen bzgl. Essen und Besitz das Beste nicht gut genug ist; Menschen, die nur Geld im Kopf haben.

"Niedrige", die sich mit nackter Sinnlichkeit und Genuss im Leben zufrieden geben.

Auf körperlicher Ebene als Zeichen der passiven Manifestation:
Erkrankungen des Nacken- und Kehlbereiches.

Konkrete Förderungen der Stier-Venus/Stier-Venus-Persönlichkeit

- Finanzplanung

- Eine klare Linie zur Schaffung finanzieller Sicherheit ins Leben bringen

- Ihrem starken Drang nach Sicherheit und Besitz (vielleicht trotz spiritueller Ambitionen!) nachgeben und stur an dem Erwirtschafteten festhalten

- Ihrer Lust nach Reichtum und Sinnlichkeit frönen

- Sich kaufmännische Kenntnisse aneignen

- Sich ins Bankwesen, Steuerrecht (Steuerersparnismöglichkeiten) und die Immobilienbranche einarbeiten

- Sichere Anlagen ausfindig machen

- Tätigkeiten mit Geld, Sicherheit, Besitz oder Genuss zur Basis für ihr Einkommen machen

- Abgrenzung schaffen durch Reichtum und Besitz

- Genießen um des Genießens willen

- Tiefe meditative Naturerfahrungen machen.

ÜBUNGEN B

1. Auf welche Weise können Personen mit folgenden Konstellationen gut ihr Geld verdienen?
a. Venus im Stier im 4. Haus
b. Venus im Stier im 7. Haus
c. Venus im Stier im 10. Haus

2. Welche Art der Abgrenzung entspricht folgenden Konstellationen?
a. Venus in den Zwillingen im 2. Haus
b. Venus im Wassermann im 2. Haus.

3. STIER-VENUS - ZWILLINGE- MERKUR

Tierkreiszeichen Stier im 3. Haus / Tierkreiszeichen Zwillinge im 2. Haus
Venus in den Zwillingen (Merkur im Stier)
Venus im 3. Haus (Merkur im 2. Haus)
Aspekte zwischen Merkur und Venus

Essenz

Genuss und Sicherheit durch Kommunikation und Wissen
Sprachlicher Ausdruck und Austausch mit Hilfe von Geld und Besitz

Grundspannung

Fixe Materie --- Geistige Beweglichkeit

Lösung

Einsatz von Finanzen und Sicherheit für geistige Interessen, zum Ansammeln von Wissen und Information.
Nutzung von Sprache und Geist für eine materielle Basis und sein Sicherheitsbedürfnis.

Selbstbild

Ich denke, weiß viel und artikuliere mich gut, also besitze ich.

1. Genuss

Wissen und Sprache

Für die Venus/Merkur-Persönlichkeit stellt es einen Genuss dar, ihre Neugierde zu stillen und ihr Wissen zu erweitern, indem sie entsprechende Lektüre aufnimmt oder einen passenden Gesprächspartner auftut, mit dem sie sich ausgiebig austauschen kann. Es ist ihr eine Lust, Neues hinzuzulernen, ihren Informationsstand durch Lesen, Lernen und Diskussionen zu erweitern und sich in ihren Lieblingsbereichen bestens auszukennen.

Sie genießt es, beide Seiten einer Sachlage zu betrachten, sich ihre Meinung zu bilden und diese kundzutun.

Ihre Sinnlichkeit wird erweckt durch Gespräche, durch jede Form von Kommunikation und geistigem Austausch/geistiger Verbundenheit.

2. Sicherheit

Geistige und verbale Fähigkeiten

Die Venus/Merkur-Persönlichkeit braucht einen großen Wissensschatz, um für sich ein Gefühl der Sicherheit im Leben zu erlangen. Daher ist sie ständig damit beschäftigt, Fakten und Informationen zusammenzutragen und sich anzueignen.

Genauso wesentlich ist das Vermögen, seine eigene Meinung zu finden und sie frei zu artikulieren sowie die dafür notwendigen Kontakte zu knüpfen.

Die Venus/Merkur-Persönlichkeit verstärkt ihr Sicherheitsgefühl durch jede geistige Arbeit, die sie leisten kann, durch die Fähigkeit, zu lernen und das erfasste Wissen weiterzugeben. Von höchstem Wert ist ihr daher jede

Form von geistiger Nahrung und die Fähigkeit zu sprachlichem Selbstausdruck und Austausch.

3. Innerer und äußerer Besitz

Geistiger Reichtum

Die Venus/Merkur-Persönlichkeit kann als besten Trumpf mit den von ihr gezielt entwickelten geistigen und verbalen Fähigkeiten aufwarten, um sich innerlich reich zu fühlen und durch Geld, durch materiellen Besitz auch außen reich zu werden. Sie kann dies in Form von geschickten Verkaufsgesprächen, durch gute Reden und Vorträge oder journalistische bzw. schriftstellerische Arbeiten umsetzen. Jede Art von Kommunikation, von Vermittlung von Information und Wissen muss den bevorzugten Bereich abgeben, in dem ihre inneren Anlagen zu Geld, zu einer gesunden materiellen Grundlage umgewandelt werden.

4. Umgang mit Finanzen

Der gute Rechner

Hier finden wir gute Rechner und Personen, die in finanzieller Hinsicht bestens informiert sind.

Erst wenn alle verfügbaren Daten aus den Medien und anderen Quellen und Kontakten ermittelt sind, werden finanzielle Aktionen gestartet und Entscheidungen bzgl. Geld und Besitz gefällt.

Die Venus/Merkur-Persönlichkeit kennt sich bestens aus auf dem Börsenmarkt, in der Immobilienbranche oder in dem Geschäft mit anderen Anlagen.

Ihr Geld gibt sie in erster Linie für Kommunikationstechnik, Bücher, Zeitschriften und die Möglichkeit aus, Kontakte zu knüpfen und sich verbal austauschen zu können.

5. Abgrenzung

Worte und Fakten

Die Venus/Merkur-Persönlichkeit grenzt sich mit Hilfe ihres geistigen und sprachlichen Potenzials ab. Sie versteht es, durch Worte, eine bestimmte, individuelle Sprache, ihre Terminologie, ihren Sprachschatz, also ihre Art, sich zu artikulieren, ihre Grenzen als Persönlichkeit klar zum Ausdruck zu bringen.

Daneben nutzt sie ihren Informationsstand und ihr Wissen, um ihren persönlichen Eigenraum zu behaupten.

6. Lieblingsprojektionen

Menschen, die endlos Wissen horten; Menschen, die nur über Geld reden können, die nur Geld im Kopf haben.

Auf körperlicher Ebene als Zeichen passiver Manifestation: Hals-, Stimm- und Artikulationsschwierigkeiten.

Konkrete Förderungen für die Stier-Venus/Zwillinge-Merkur-Persönlichkeit

- Immer ausreichend Stoff und Möglichkeiten zum Lesen, Lernen, Schreiben, Reden beschaffen, um sich sicher zu fühlen und sich abgrenzen zu können

- Kontakte, Austausch und Wissen als Basis für ihre Genussfreude erkennen und ausschöpfen

- Sprachen lernen und dies in Geld umsetzen

- Sich bestens über die Finanzwelt informieren (Bankwesen, Steuern etc.); Börsen und Immobilienmarkt studieren, entsprechende Fachzeitschriften zulegen bzw. online auf dem Laufenden sein

- Sich kaufmännische Fähigkeiten aneignen

- Ihre materielle Basis mit Hilfe von geistigen und sprachlichen Fähigkeiten, mit ihrer Kontaktfreude und -fähigkeit erwirtschaften

- An Rhetorikseminaren, Schulungen des Redens, Schreibens, des verbalen Selbstausdrucks als Voraussetzung für ihr Sicherheitsgefühl teilnehmen oder als Möglichkeit des Geldverdienens selbst anbieten

- Geld verdienen im Verlagswesen, Journalismus, Kommunikationsbereich, mit Schriftstellerei

- Fähigkeit des Lernens und der Weitergabe von Wissen zu Geld machen

-   Genussvolles Lesen der Aktienkurse und Addieren ihrer vorhandenen Werte (auf allen Ebenen).

ÜBUNGEN C

1. Auf welchen inneren Besitz kann die Venus/Merkur-Persönlichkeit in erster Linie zählen?

2. Wie können folgende Konstellationen gut Geld verdienen

a. Venus in den Zwillingen im 5. Haus?

b. Venus in den Zwillingen im 6. Haus?

c. Venus in den Zwillingen im 12. Haus?

d. Venus im Widder im 3. Haus?

4. STIER-VENUS - MOND

Tierkreiszeichen Stier im 4. Haus / Tierkreiszeichen
Krebs im 2. Haus
Venus im Krebs (Mond im Stier)
Venus im 4. Haus (Mond im 2. Haus)
Aspekte zwischen Mond und Venus
Aspekte zwischen Venus und IC

Essenz

Genuss und Sicherheit durch Gefühl, Heim und Familie.

Grundspannung

Fixe Materie --- fließendes Gefühl

Lösung

Einsatz von Sicherheit und Besitz für innere Geborgenheit, eigenen Wohnraum, Erholung, Aufbau seiner Art
von Familie.
Einsatz seiner Gefühle, seiner Fürsorge, seines Bezugs zu
Heim und Familie, um Sicherheit, Besitz und Genussfreude zu erlangen.

Selbstbild

Ich umsorge und fühle, also besitze ich.

1. Genuss

Das eigene Zuhause

Die Venus/Mond-Persönlichkeit definiert für sich eine gemütliche, wenn möglich eigene Wohnung als Genuss, genauso wie die Möglichkeit, sich mit eng vertrauten Menschen zu umgeben, mit Personen, die sie nach eigener Sichtweise als ihre Familie betrachtet (z. B. Bluts-, geistige, religiöse, politische, künstlerische Familie).

Sie genießt es, Gefühle und Zärtlichkeiten auszutauschen in einem sicheren, warmen Nest, wo sie nicht gestört werden kann und ihre fürsorgliche Natur zum Ausdruck bringt.

Ihre Sinnlichkeit wird entsprechend erweckt durch eine heimelige, traute Umgebung und empfindsame, zärtliche Menschen, bei denen sie sich emotional wie auch kulinarisch umsorgt fühlen.

2. Sicherheit

Heim und Familie

Sich ein Zuhause in ihrem Sinne, ein familiäres Umfeld geschaffen zu haben, ist Grundvoraussetzung für die Venus/Mond-Persönlichkeit, um sich sicher zu fühlen.

Auch die Fähigkeit, ihre weibliche, gefühlvolle Seite zu entwickeln, zärtlich, hingebungsvoll und empfänglich zu sein, verstärken ihr Sicherheitsempfinden, ebenso wenn sie sich Raum und Zeit nimmt, um ihr Innenleben noch klarer zu erfassen und zu erfühlen, in ihr inneres Reich einzutauchen.

Es ist wesentlich, eine innere Basis, eine Verwurzelung in ihrer Seele, ihrer Emotionalität gefunden zu haben.

Von wirklichem Wert ist demnach jede Form von tiefer Verbindung mit dem inneren Kern und die Möglichkeit zu Austausch von Emotionen und Zärtlichkeit in einer vertrauten (=familiären), gefühlsgetragenen Umgebung.

3. Innerer und äußerer Besitz

Gefühlsleben und Fürsorge

Sich in andere Menschen hineinzufühlen und sie zu versorgen, stellt einen wichtigen Aspekt an innerem Besitz dar, der in Geld umgesetzt werden könnte, sei es nun in Form einer psychologischen Tätigkeit oder einer Beschäftigung mit Kindern bzw. anderen Menschen, die umsorgt werden müssen.

Im weiteren Sinne käme die Nahrungsmittelindustrie, der gesamte Bereich der Ernährung und der Sektor Wohnen und Bauen in Frage, um mit dieser Konstellation zu Geld zu gelangen.

Jede Art von versorgender Tätigkeit, von emotionaler Zuwendung und Verständnis, von Verbindung mit Wasser und Fließen stellen die Grundlage zum Aufbau der materiellen Basis dar.

4. Umgang mit Finanzen

Emotional

Die Art, mit ihren Finanzen zu wirtschaften, ist rein emotional, kommt aus dem Bauch heraus und folgt keiner Logik oder Planung.

Sie basiert vielleicht auch auf dem, was die Venus/Mond-Persönlichkeit in ihrer Familie darüber gelernt und mitbekommen hat.

Es macht ihr Spaß, ihr Geld für das eigene Heim, für Essen und Nahrungsvorräte, für eine wohlige Gemütlichkeit zu investieren, für familiäre Belange oder das Erkunden und Verwöhnen ihrer inneren Welt, um die Bedürfnisse ihres inneren Kindes zu stillen und sich selbst Geborgenheit zu vermitteln.

5. Abgrenzung

Im eigenen Nest

Der Venus/Mond-Persönlichkeit fällt es aufgrund ihrer Empfindsamkeit schwer, sich abzugrenzen. Daher zieht sie sich gerne in ihr Heim, in ihr geschütztes Schneckenhaus zurück und rüstet sich somit innerlich für einen erneuten Kontakt mit der Außenwelt. Sie benötigt daher unbedingt ein eigenes Zimmer, einen ungestörten Raum, in dem sie aus ihrem Innenleben heraus wieder auftanken, sich wieder sammeln und regenerieren kann.

Es hilft ihr, ihre Abgrenzungsfähigkeit zu verstärken, wenn sie einen Rückzugsort sowohl räumlich als auch menschlich (zärtliche, umsorgende Person) hat, der ihr immer zur Verfügung steht, um sich von zu vielen Außeneinflüssen zu erholen.

6. Lieblingsprojektionen

Menschen, die jeden Pfennig für ihr (Eigen-)Heim ausgeben, die ihre Familie/Kinder als Besitz betrachten, die den ganzen Tag zuhause sitzen.

Auf körperlicher Ebene als Zeichen passiver Manifestation: Erkrankungen des Nackenbereichs aufgrund emotionaler Schwierigkeiten; Erkrankungen der weiblichen Geschlechtsorgane, der Schleimhäute oder des Magens aufgrund von finanziellen oder Abgrenzungsproblemen.

Konkrete Förderungen für die Stier-Venus/Mond-Persönlichkeit

- Ein eigenes Zuhause (möglichst als Eigentum), zumindest ein eigenes, ungestörtes Zimmer

- Sich ihre Art von Familie als sichere Basis aufbauen

- Ihre Gefühlswelt erfassen, Kontakt zu ihrer Seele herstellen sowie die eigene Art von Zärtlichkeit entfalten, um sich sicher zu fühlen

- Ihre Emotionalität, ihren Bezug zur Ernährung/Nahrung, zum Wohnen und Bauen, zu Kindern, zu Kleidung, zu Möbeln in Geld umsetzen

- Ihre Finanzen in erster Linie für Wohnung und Innenwelt, für Familie und Schaffung innerer Geborgenheit, für die Bedürfnisse des inneren Kindes ausgeben

- Einkauf, Zubereitung und Aufnahme von Nahrung als tiefen Akt der Verbundenheit mit der Natur empfinden und erfahren.

ÜBUNGEN D

1. Welche Basis benötigt die Venus/Mond-Persönlichkeit, um sich sicher zu fühlen?

2. Wie können sich Personen mit folgenden Konstellationen am besten abgrenzen

a. Venus im Krebs im 8. Haus?

b. Venus im Krebs im 9. Haus?

c. Venus im Steinbock im 4. Haus?

5. STIER-VENUS - SONNE

Tierkreiszeichen Stier im 5. Haus / Tierkreiszeichen Löwe
im 2. Haus
Venus im Löwen (Sonne im Stier)
Venus im 5. Haus (Sonne im 2. Haus)
Aspekte zwischen Sonne und Venus

Essenz

Genuss und Sicherheit durch Kreativität, indem man aus
seiner Individualität schöpft und sich ein Denkmal setzt.

Grundspannung

Sicherheit, Besitzstreben --- Auftrumpfen, sich selbstbe-
wusst und souverän präsentieren, im Luxus leben wollen.

Lösung

Geld und Besitz für Selbstentfaltung und zum Aufbau von
Selbstbewusstsein investieren.
Seine Einzigartigkeit und Kreativität für den Erwerb von
Geld einsetzen.

Selbstbild

Ich handle und verwirkliche mein Potenzial, also besitze
ich.

1. Genuss

Die Königin

Die Venus/Sonne-Persönlichkeit genießt es in vollen Zügen, strahlend im Mittelpunkt zu stehen, Publikum zu haben und von allen Seiten beklatscht zu werden. Sie liebt es, Königin zu sein, die mit erhobenem Haupt durch die untertänige Menge schreitet. Sie braucht ihren Auftritt, liebt prunkvolle Galas und jede Art von Spiel, Spaß und Vergnügen.

Sie betrachtet es als Genuss, sich kreativ und künstlerisch zu betätigen und damit ihre Einzigartigkeit an die Oberfläche, ans Licht zu bringen und zu präsentieren, ihre Anlagen in ihrer besonderen Weise zu entfalten.

Ihre Sinnlichkeit wird erweckt, wenn man sie sich profilieren, sich in ihrer Einmaligkeit ausdrücken lässt, wenn man ihr ein künstlerisches Ambiente bietet und ein Leben auf großem Fuß ermöglicht.

2. Sicherheit

Selbstbewusstsein

Die Venus/Sonne-Persönlichkeit bezieht ihr Sicherheitsgefühl aus dem Maß an Selbstbewusstsein, Eigenständigkeit und Souveränität, das sie sich aufgrund der Verwirklichung ihrer schöpferischen Begabungen und Talente aufgebaut hat.

Das Wissen um ihre absolute Einmaligkeit und die Fähigkeit, die Schöpferkraft, diese unübersehbar zu realisieren, bildet die Grundlage, sich ihrer sicher zu fühlen. Von realem Wert ist für sie jede Möglichkeit, ihren individuellen Qualitäten ein Denkmal zu setzen und eine Bühne zu verschaffen.

3. Innerer und äußerer Besitz

Eigenständigkeit und Herzenswärme

Der wichtigste Besitz der Venus/Sonne-Persönlichkeit ist ihre sonnige Wärme, Strahlkraft und Herzlichkeit sowie ihre Fähigkeit, aus sich zu schöpfen, produktiv zu sein und selbständige Unternehmen aufzubauen.

Dadurch stehen ihr mannigfaltige Möglichkeiten offen, aus eigener Substanz und Kreativität heraus ihr Potential individuell in die Tat umzusetzen, in die Sichtbarkeit zu bringen und voller Stolz zu demonstrieren.

Sie ist prädestiniert, ihr Geld mit Hilfe künstlerisch-kreativer Tätigkeiten, schauspielerischen Fähigkeiten, Film, TV, alles, was mit Spiel und Vergnügungen zu tun hat, besonders im eigenen Unternehmen, in dem sie Herrin im Haus ist, zu verdienen.

Sie braucht ihren Auftritt oder muss Chefin sein, will sie sich entfalten und verwirklichen mit dem, was sie zu ihrer materiellen Basis macht.

4. Umgang mit Finanzen

Basis für den Auftritt

Um aus der Masse hervorzustechen und zu strahlen, bedarf es übergangsweise großer Ausgaben für entsprechende Garderobe, Schmuck usw.

Das zunehmende Maß, in dem sie von innen heraus strahlt, lässt dann die Wahl offen, ob weiterhin die kostspielige Ergänzung durch die äußere Hülle gewünscht wird oder nicht. Zumindest besteht das Bedürfnis, sich nicht als unauffällige, graue Maus zu verstecken, sondern beifallsorientiert sein Leben zu führen.

Am liebsten gibt die Venus/Sonne-Persönlichkeit deshalb ihr Geld für die Möglichkeit aus, ihren Kreativität, ihrer Lust am Schöpferischen zu frönen, um mit ersichtlichen Werken nach außen treten zu können, die genau ihre Besonderheit spiegeln, um sich einen Kanal zu schaffen für ihre Einmaligkeit, um ihr Selbstbewusstsein ständig zu verstärken.

5. Abgrenzung

Einzigartigkeit

Die Venus/Sonne-Persönlichkeit grenzt sich auf sehr natürliche Weise von ihrer Umgebung ab, nämlich durch die Entfaltung und Sichtbarmachung ihrer Individualität, in der es ihr keiner gleichtun, in der ihr keiner nahe kommen kann, in der sie sich ohne Anstrengung, ohne dass sie gesonderte Aufmerksamkeit auf die Grenzen ihres Reviers verwenden müsste, einfach souverän von ihrer gesamten Umgebung abhebt.

6. Lieblingsprojektionen

Sture, egozentrische Künstler und andere Kreative; Menschen, die ihr ganzes Geld für künstlerische Werke oder ihre Selbstverwirklichung ausgeben bzw. es damit verdienen.

Auf körperlicher Ebene als Zeichen der passiven Manifestation: Erkrankungen des Nackenbereichs aufgrund von

Problemen in der Selbstentfaltung; Erkrankungen des Herzens aufgrund von Schwierigkeiten auf dem Gebiet Finanzen, Selbstwert, Abgrenzung.

Konkrete Förderungen für die Stier-Venus/Sonne-Persönlichkeit

- Ihre Genussfreude darin erkennen, "Königin" zu sein und sich schöpferisch zu betätigen, und diese zu fördern

- Sich eine Bühne verschaffen, auf der man glänzen, seine Besonderheit präsentieren und kreativ-künstlerisch tätig sein kann, um sich sicher zu fühlen

- Künstlerische, kreative, die eigene Einmaligkeit demonstrierende Tätigkeiten sowie unternehmerische Selbständigkeit als Grundlage zum Geld verdienen nehmen

- Sich im show-business und allen Bereichen des Spiels und Vergnügens als weitere Möglichkeit für die materielle Basis betätigen

- Ihr Selbstbewusstsein durch Besitz und Geld verstärken

- Souveränität und Selbstvertrauen (durch Verwirklichung ihrer Individualität), Eigenständigkeit und Handlungsfähigkeit bewusst entwickeln, um zu Geld zu kommen

- Etwas ganz tief aus sich heraus kreieren, was keiner nachahmen und übertreffen kann, und darauf ihr Geschäft, ihre Finanzen aufbauen.

ÜBUNGEN E

1. Was würden Sie bei folgenden Konstellationen empfehlen, um eine materielle Basis erwirtschaften zu können:
a. Venus im Löwen im 4. Haus?
b. Venus im Löwen im 7. Haus?
c. Venus im Löwen im 11. Haus?
d. Venus im Löwen im 12. Haus?

6. STIER-VENUS - JUNGFRAU-MERKUR

Tierkreiszeichen Stier im 6. Haus / Tierkreiszeichen Jungfrau im 2. Haus
Venus in der Jungfrau (Merkur im Stier)
Venus im 6. Haus (Merkur im 2. Haus)
Aspekte zwischen Merkur und Venus

Essenz

Genuss und Sicherheit durch Analyse, Arbeit und Vernunft

Grundspannung

Sturheit --- Anpassungsbereitschaft
Genussfreude --- Vernunft und Arbeit

Lösung

Einsatz von Geld und Besitz für sein Arbeitsfeld, um den Status quo bestmöglich nutzen zu können.
Einsatz von Arbeitskraft und Vernunft, um Geld und Besitz zu erwirtschaften.

Selbstbild

Ich arbeite, diene und analysiere, also besitze ich.

1. Genuss

Arbeit und Sauberkeit

Für die Venus/Merkur-Persönlichkeit ist es dringend notwendig, einer Arbeit nachzugehen, die sie genießen kann, die ihr wirklich Lust bereitet. Ebenso braucht sie genügend Raum und Möglichkeiten, Dinge bis ins kleinste Detail zu zerlegen, zu analysieren und mikroskopisch genau auseinander zu dividieren.

Ein weiterer Bereich des Genießens stellt für die sie jede Art von äußerer und innerer Reinigung dar, sei es nun in Form von Fasten, Saunabesuchen, Bädern, Psychohygiene (von inneren Abhängigkeitsstrukturen) oder ein ordentlicher Frühjahrsputz zuhause.

Auch das Austüfteln von Strategien und Taktiken bereiten ihr Genuss.

Ihre Sinnlichkeit wird erweckt durch eine ihr entsprechende Arbeit, durch oben benannte Reinigungsaktionen und ein hohes Maß an Sauberkeit und gepflegter Erscheinung.

2. Sicherheit

Verwerten können / Die sichere Arbeit

Die Fähigkeit, die gegebenen Lebensumstände anzunehmen und bestmöglich zu nutzen, verleiht der Venus/Merkur-Persönlichkeit an erster Stelle das Gefühl von Sicherheit. Zu wissen, dass sie die jeweiligen Situationen analysieren und ihnen mit Vernunft begegnen kann, gibt ihr weitere Festigkeit. Auch ihre Arbeit und die Kraft in sich zu spüren, sie meistern und erledigen zu können, lässt einen Menschen mit dieser Konstellation sich sicher füh-

len.
Es stärkt sie, ihr taktisches Geschick zu entwickeln und zum Einsatz zu bringen. Sie tendiert dazu, sich in jeder wichtigen Situation den Supergau vorzustellen, und ist erst zufrieden und beruhigt, wenn sie genaue Gegenmaßnahmen ausgetüftelt und parat hat. Die Fähigkeit zu vorausschauender Vorsicht und dann auch für schwierige Fälle gewappnet zu sein, sind wesentliche Grundlagen für ihr Sicherheitsgefühl.

Außerdem tragen Sauberkeit und innere Aufgeräumtheit, das Wissen um Gesundheitsvorsorge und Heilmethoden zum Gefühl der Sicherheit bei.

Ihre größten Werte stellen daher ihre Arbeit, analytischen Fähigkeiten, Anpassungsfähigkeit, das Vermögen der Verwertung der gegebenen Situation, Vorausschau sowie ein hohes Maß an Reinlichkeit dar.

3. Innerer und äußerer Besitz

Seinen Dienst leisten

Die Venus/Merkur-Persönlichkeit setzt am besten ihre Bereitschaft, zu dienen und zu arbeiten ein, um zu Geld zu kommen. Sie will sich als nützlich erweisen, kann ihre persönlichen Wünsche zurückstellen und vollkommen in ihrer Tätigkeit aufgehen, was für sie die beste Voraussetzung darstellt, ihre materielle Basis aufzubauen.

Auch die Fähigkeit, ihre Lebensbedingungen genauestens durchzuanalysieren und sich an die daraus resultierenden Notwendigkeiten anzupassen, wird sich finanziell positiv auswirken.

Sie könnte sich im Dienstleistungsgewerbe betätigen, Analysen jeder Art vornehmen oder die Zusammenhänge zwischen Psychohygiene/innerer Aufgeräumtheit und dem

Gesundheitszustand aufzeigen. Psychologie (besonders Psychoanalyse) und Gesundheitswesen geben daher einen weiteren Bereich ab, in dem Geldverdienen möglich ist.

Betriebe zu untersuchen, ihre Schwachstellen aufzudecken und nach besseren Arbeits- und Nutzungsmöglichkeiten zu suchen (Unternehmensanalyse und -beratung) stellt eine Art der Arbeit dar, die sich in Geld umsetzen lassen könnte.

Tätigkeiten, in denen strategisches Vorgehen oder Feinarbeit, Perfektionismus, wissenschaftliche Exaktheit und absolute Genauigkeit gefragt sind, eignen sich in gleicher Weise.

4. Umgang mit Finanzen

Vernunft und Berechnung

Die Venus/Merkur-Persönlichkeit kann gut rechnen. Sie versteht es, Geld überlegt, vernünftig und taktisch klug einzusetzen und anzulegen. Es gelingt ihr dabei, vorausschauend und berechnend vorzugehen, genaue Analysen des Geldmarktes durchzuführen und deshalb nicht nur für ihr Geld zu arbeiten, sondern auch das erwirtschaftete Geld für sich arbeiten zu lassen.

Ausgegeben wird es dann in erster Linie für die wirklichen Notwendigkeiten des Lebens, für innere und äußere Reinigung und Gesundung sowie für die Belange ihres Arbeitslebens.

5. Abgrenzung

Unterscheidungsvermögen und Arbeit

Die Venus/Merkur-Persönlichkeit grenzt sich mit Hilfe ihrer analytischen Fähigkeiten und ihrem Unterscheidungsvermögen ab.

Sie ist in der Lage zu erkennen, was ihr bekommt, was nützlich für sie ist, und wendet sich von unvernünftigen, unzweckmäßigen Unternehmungen und auch Personen, die sie nicht als passend und weiterbringend einordnen kann, ab.

Sie schafft sich ihr Revier, baut ihre Grenzen auf, indem sie all das aussondert, was nach genauer Analyse als nicht verwertbar in ihrem Leben gekennzeichnet wurde.

Der zweite Faktor, um sich abzugrenzen, stellt ihre Art und Weise der Arbeit und der Alltagsbewältigung dar.

6. Lieblingsprojektionen

Arbeitstier, reiner Vernunftmensch und Praktiker ohne Gefühl, rein zweckorientierte, auf Geld fixierte Menschen; der finanziell berechnende Taktiker.

Auf körperlicher Ebene als Zeichen der passiven Manifestation: Schwierigkeiten mit dem Verdauungstrakt bei zu viel Völlerei.

Konkrete Förderungen der Stier-Venus/Jungfrau-Merkur-Persönlichkeit

- Ihren Genuss in ihrer Arbeit und Sauberkeit erkennen und entsprechend entwickeln

- Genussvolle Reinigungsaktionen

- Ich ein Gefühl der Sicherheit durch die Entfaltung ihrer analytischen Fähigkeiten, ihres rationellen Geistes und ihres Arbeitslebens schaffen

- Ihr Geld mit Hilfe von Perfektion, Feinarbeit, Analyse, Vernunft, Arbeitseinsatz, Dienstbarkeit/Dienstleistungen, innerer und äußerer Reinigung oder im Gesundheitswesen verdienen

- Die Finanzwelt auf der Ebene, auf der sie sich bewegt, genauestens analysieren

- Mit Hilfe der Fähigkeit, den Status quo bestmöglich zu nutzen und sich anzupassen, zu Geld und Besitz kommen

- Sich mit Hilfe von Analyse und Unterscheidungsvermögen abgrenzen lernen

- Finanzstrategien entwickeln

- Ihr Geld für sich arbeiten lassen.

ÜBUNGEN F

1. Womit verdient die Venus/Merkur-Persönlichkeit am besten ihr Geld?

2. Wie könnten Menschen mit folgenden Konstellationen am besten ihr Sicherheitsbedürfnis befriedigen
   a. Venus in der Jungfrau im 5. Haus?
   b. Venus in der Jungfrau im 9. Haus?
   c. Venus im Widder im 6. Haus?
   d. Venus in den Zwillingen im 6. Haus?

7. STIER-VENUS - WAAGE-VENUS

Tierkreiszeichen Stier im 7. Haus / Tierkreiszeichen Waage im 2. Haus
Venus in der Waage (Venus im Stier)
Venus im 7. Haus (Venus im 2. Haus)
Aspekte zwischen Venus und DC

Essenz

Genuss und Sicherheit durch Partnerschaft und entwickelten Schönheitssinn

Grundspannung

Abgrenzung --- Begegnungsfreude
Sturheit --- Kompromissbereitschaft

Lösung

Abgrenzungsfähigkeit innerhalb der Beziehung entwickeln (Ausgleich zwischen beiden Kräften).
Beziehungsfähigkeit, Harmoniestreben, Stil und Geschmack zum Erwerb von Besitz und Geld einsetzen

Selbstbild

Ich habe meinen Geschmack und meine Art der Begegnung und Partnerschaft gefunden und verwirklicht, deshalb besitze ich.

1. Genuss

Beziehung und Schönheit

Es ist der Venus/Venus-Persönlichkeit ein Genuss, sich (nach ihrem Sinne, ihrer Definition von Schönheit und Attraktivität) herauszuputzen und sich schön zu fühlen, in ihren Augen gut auszusehen. Dies kann z. B. durch einen Besuch bei der Kosmetikerin oder auf der Schönheitsfarm geschehen, durch Schminken und eine ihrem Geschmack entsprechende Garderobe.

Ein zweiter wichtiger Punkt stellt die Beziehung, die Begegnung mit dem Partner dar, die sie sich sicher und solide wünscht.

Sie genießt Harmonie, Einklang und einen kultivierten, freundlichen Umgang miteinander, geht in einer schönen Umgebung gerne gepflegt essen und mag jede Form des Eingehens auf den anderen, des Entgegenkommens und der friedvollen Atmosphäre.

Ihre Sinnlichkeit wird erweckt durch eine Partnerschaft, ein Rendevouz, Unternehmungen zu zweit und ein harmonisches Beisammensein.

2. Sicherheit

Die sichere Beziehung / Partnerschaft und Attraktivität

Die Venus/Venus-Persönlichkeit braucht eine feste, stabile Beziehung. Ihre Fähigkeit, sich diese aufzubauen, ihr eine solide Grundlage zu verschaffen, verleiht ihr ein tiefes Gefühl an Sicherheit, vor allem wenn sie zuvor ihr ganz besonderes Beziehungsmodell gefunden und dieses in die Festigkeit integriert hat.

Der zweite Bereich stellt die Fähigkeit zu einer attraktiven Erscheinung (in den eigenen Augen) dar, zu angenehmen Umgangsformen und Höflichkeit, zur Herstellung von Ausgleich und Harmonie in sich und gegenüber anderen, um ein Sicherheitsgefühl zu entwickeln. Ihre höchsten Werte sind demnach Partnerschaft, Verbundenheit und Einklang.

3. Innerer und äußerer Besitz

Beziehung und Schönheitssinn

Basis für das Erwirtschaften von Geld und Besitz kann einerseits der Partner, eine entsprechende Beziehung, die Zusammenarbeit mit dem Partner und das Maß an Freundlichkeit und Kultiviertheit sein, andererseits in einer Tätigkeit der Mode-Kosmetik- und Kunst/Designbranche gefunden werden, in der Geschmack und Stil Ausgangspunkt für eine erfolgreiche Umsetzung in Finanzen ist.

Jedes Unternehmen im Bereich von Partnerschaft (Partnervermittlung, -beratung), Diplomatie und Kompromissbereitschaft (Kundenbetreuung, Geschäftsbeziehungen aufbauen, Kontakte knüpfen, viele Menschen mit unterschiedlichen Charakteren und Bedürfnissen unter einen Hut bringen) und Ästhetik/Kunstsinn wären eine typische Grundlage, um seine Finanzen zu sichern, eine Tätigkeit mit vielen Begegnungen, freundlichem Zusammensein oder in der z. B. - als Grundstock jeder Partnerschaft - die Beziehung zu sich selbst verbessert und vertieft werden soll.

4. Umgang mit Finanzen

Unentschlossen, abwägend

Die Venus/Venus-Persönlichkeit wägt lange ab, bis sie ihr Geld investiert. Sie muss sich vielleicht zwischen zwei wichtigen Anschaffungen entscheiden, was ihr schwer fällt und darin enden kann, dass sie gar nichts unternimmt. Schnell passiert ist jedoch eine Investition in dem Bereich Kunst/Ästhetik oder direkt in die eigene Schönheit, für kosmetische Pflegeprodukte, zur Anhebung ihrer Attraktivität, um ihren Geschmack und Stil zum Ausdruck zu bringen und sich schön und begehrenswert zu fühlen. Auch für Unternehmungen mit dem Partner oder dessen Eroberung, für jede Aktivität, die mit der Thematik Beziehung zusammenhängt, ist sie bereit, ihr Geld anzulegen, wie auch für Betätigungen, die ihr inneres Gleichgewicht und ihre innere Harmonie fördern (entsprechende Seminare oder Beratungen im Selbsterfahrungs- und Selbstheilungsbereich).

5. Abgrenzung

Aussehen und Partnerschaftsform

Die Abgrenzung der Venus/Venus-Persönlichkeit erfolgt über ihre Art, sich zu kleiden, zurechtzumachen, ihr Aussehen und wie sie auf ihre Mitmenschen zugeht, ihnen entgegenkommt und versucht, sich von ihrer besten Seite zu zeigen.
Der zweite wichtige Faktor ist auch hier die Beziehung. Sei es nun der Partner selbst, der als Hilfe zur Abgrenzung herangezogen wird, oder aber die Form der Beziehung, die man in sich als seine Version erkannt hat und

entsprechend lebt.

Die Venus/Venus-Persönlichkeit grenzt sich ungern direkt und forsch ab, sondern behält die Verbindung zu ihrem Gegenüber sowie ihre freundliche Art bei und versucht, ohne jemanden zu verletzen und ohne endgültige Schranken zu ziehen, ihr Revier abzustecken. Sie sorgt dafür, dass trotz ihres Bedürfnisses nach Abgrenzung keine Missstimmigkeiten oder Spannungen auftreten.

6. Lieblingsprojektionen

Partner, der nur auf Geld aus ist, der nur die teuersten Kleider trägt, der seinen Eigenwert auf Geld aufbaut, der Geld als Ersatz für Liebe nimmt oder einsetzt; Leute, die ihr ganzes Geld für Kosmetika, ihre Optik und teure Klamotten ausgeben.

Auf körperlicher Ebene als Zeichen passiver Manifestation: Erkrankungen der Nieren aufgrund von finanziellen oder Abgrenzungsproblemen; Erkrankungen im Nackenbereich aufgrund von Partnerschaftsproblemen.

Konkrete Förderungen der Stier-Venus/Waage-Venus-Persönlichkeit

- Ihren persönlichen Geschmack und Stil finden als eine Basis für ihre Sicherheit (unterstützt z. B. durch Farbberatung = Herausfinden der mit der Haut- und Augenfarbe harmonisierenden Farbpalette)

- Ihre Vorliebe für bestimmte Stoffe, Kleidungsschnitte, Schminkarten, Frisuren erkennen und als einen Teil ihrer Individualität leben

- Innere Harmonie z. B. durch kunsthandwerkliche Tätigkeiten oder das Sich-Versenken in die Zubereitung eines sehr köstlichen, auch optisch ansprechenden Mahls herstellen

- Ihr Geld mit ihrem Schönheitssinn, eigener Attraktivität, Mode, Design, Partnerangelegenheiten, Austausch und Begegnung, Diplomatie, Freundlichkeit, Kultiviertheit, Sinn für Kunst und Ästhetik; die Fähigkeit, zu verbinden, Ausgleich zu schaffen und Harmonie herzustellen, verdienen.

- Ihren Genuss in den Bereichen Schönheit und Attraktivität sowie Begegnung und Partnerschaft entdecken und ausleben

- Sich durch ihre Aufmachung (Optik) sowie ihre individuelle Partnerschaftsform abgrenzen lernen.

ÜBUNGEN G

1. Warum fällt es der Venus/Venus-Persönlichkeit schwer, sich abzugrenzen?

2. Was bereitet den folgenden Konstellationen am meisten Genuss?
a. Venus in der Waage im 8. Haus
b. Venus in der Waage im 10. Haus
c. Venus in der Waage im 12. Haus

8. STIER-VENUS - PLUTO

Tierkreiszeichen Stier im 8. Haus / Tierkreiszeichen
Skorpion im 2. Haus
Venus im Skorpion (Pluto im Stier)
Venus im 8. Haus (Pluto im 2. Haus)
Aspekte zwischen Venus und Pluto

Essenz

Genuss und Sicherheit durch Forschung, Tiefe und Intensität.

Grundspannung

Sicherheitsstreben --- Totalität um jeden Preis, tiefe
Wandlungen

Lösung

Sich mit Hilfe sicherer Finanzen seine Intensität, seine
Wandlungen erlauben zu können.

Wunde

Tod/Verlust jeder Sicherheit, besonders der Sicherheit
durch Materie.
Geld ist Macht.

Heilung

Das einzig Sichere im Leben im ständigen Wandel erkennen.
Sich seine eigene Machtgier durch Geld eingestehen.
Seine Selbstbestimmung mit Hilfe von Geld verstärken.

Selbstbild

Ich habe Macht über mich, bin zur ständigen Wandlung bereit und forsche, also besitze ich.

1. Genuss

Das Dunkle

Der Venus/Pluto-Persönlichkeit bereitet Alles Lust, was gemeinhin als gruselig und haarsträubend abgetan wird. Sie genießt es, in ihre Tiefen vorzudringen und abgespaltene, weil offiziell abgeurteilte Inhalte wieder an die Oberfläche zu bringen und auszukosten. Sie unterscheidet und wertet nicht, sondern begegnet auch bereitwillig jeglichen dunklen, weil verdrängten Seiten des Lebens, denn nur das Verborgene, Geheimnisumwitterte, das in den gern erforschten Abgründen Dahinsiechende interessiert sie wirklich, bereitet ihr höchsten Genuss.

Der einfachste Weg, diesem Dunkel nahe zu kommen, ist in unserer Gesellschaft nur noch in einer totalen Sinnlichkeit und Sexualität zu finden oder im Ausdruck in der Kunst.

Doch auch das Thema Macht durch Geld zählt zu den Möglichkeiten dieser Konstellation zu genießen.

Ihre Sinnlichkeit wird erweckt durch das Gefühl, sich

freien Lauf lassen, die Kontrolle verlieren, sich in noch dunklere Tiefen vorarbeiten zu können, auch in der Verbindung von Lust und Schmerz oder der Lust an extremen Veränderungen. Letztendlich besteht das Potenzial der Konstellation darin, seine inneren Transformationsprozesse und Wandlungen entspannt und mit einem tiefen Gefühl der Ruhe und Sicherheit zu genießen.

2. Sicherheit

Innere Erforschung und Wiederverbindung

Eine tiefe innere Sicherheit erfährt die Venus/Pluto-Persönlichkeit durch die Erforschung ihrer verdrängten, im Dunkel hausenden Seeleninhalte, indem sie diese ohne Einmischung und Zensur wieder ins Bewusstsein, in ihr Selbstbild aufnimmt und mit dem bisher Abgespaltenen innerlich wieder zusammenwächst, sich versöhnt und vereinigt.

Diese Forschungsreise bedingt und verstärkt ihre totale, erotische, alles beinhaltende Ausstrahlung, die sie noch mehr in ihrem Sicherheitsgefühl fördert. Die Fähigkeit, mit Hilfe des Wissens um ihre eigene Finsternis auch andere in deren dunkle Zonen hinab zu ziehen, gemeinsam Grenzen zu überschreiten und noch tiefer zu steigen, trägt ebenso zu ihrer inneren Sicherheit bei.

Eine einfachere Version wäre ein großes Besitztum, auf dessen Grundlage sie ihre Macht aufbaut und ausübt, oder die Stütze auf feste Prinzipien, Vorstellungen und Lebenskonzepte, die das innere Unbewusste in Bann und unter Verschluss halten sollen, aber damit langfristig auch zur Selbstabtötung führen können.

Höchste Werte stellen für sie demnach Totalität, die Untersuchung von allem Verborgenen, Macht durch Geld und die Fähigkeit zu Veränderungen und Wandlung dar.

3. Innerer und äußerer Besitz

Tiefe und Tabulosigkeit

Je mehr die Venus/Pluto-Persönlichkeit hinabgetaucht ist in die dunklen Urgründe ihres Seins, umso mehr hat sie sich bereichert an vorher verdrängtem, unterdrückten Gut ihrer Substanz, umso mehr findet eine innere Absättigung, eine Sattheit, ein hohes Maß an Selbstbestimmung statt (man kann nur bestimmen, was man kennt), die ihr keiner mehr nehmen kann.

Dieser Wiederkontakt ermöglicht ihr Tätigkeiten, die auch andere Menschen wieder in ihre weggeschobene Ursprünglichkeit zurückführen. Dies könnte direkt durch pornographische, gruselige und bestialische Bücher und Filme, das Führen eines Sado-Maso- oder Dominastudios, einer psychotherapeutischen/tiefenpsychologischen Praxis oder z. B. die Schaffung einer speziellen Therapie, die auf die Wiedervereinigung mit dem Dunklen abzielt, geschehen, was jeweils zu Geld umgesetzt werden kann.

Jede Art der forschenden Tätigkeit, jede Art von Aufdeckung des Verborgenen sind geeignet, um sich ihre Finanzen zu sichern, um ihr Geld zu verdienen (tiefenpsychologische Therapie, naturwissenschaftliche Forschung, Detektei).

Auch Aufgaben, vor denen die meisten Menschen graut, geben gute Geldquellen für die Venus/Pluto-Persönlichkeit ab (Totengräber, Leichenbestatter, Sterbehelfer, Müllmann, Müllentsorgungsunternehmer, Schlangen- und Spinnenzüchter, Kanalarbeiter usw.).

4. Umgang mit Finanzen

Machtmittel

Die Venus/Pluto-Persönlichkeit erfährt ganz klar Geld als höchste Macht, die es daher zu gewinnen, anzusammeln und zu verstärken gilt. Dabei hat sie nicht Sicherheit und Vorratshaltung im Sinn (Stier), sondern die Möglichkeit, über ihr Leben und das der anderen zu bestimmen, zu dominieren, die Mächtigere zu sein.

Daher versucht sie, mit allen Mitteln sich einen finanziellen Vorsprung zu verschaffen, den sie genau im richtigen Moment zu platzieren und wirkungsvoll zum Einsatz bringen kann, um ihre Macht zu erhöhen, auszuspielen oder angesammelte Rachegelüste auszuleben.

Sie ist in der Lage, das Maß an Selbstbestimmung in ihrem Leben durch ausreichend Finanzen zu erhöhen, die sie am gezieltesten zur Tiefenerforschung ihrer selbst oder zur Öffnung tabuisierter Bereiche und Themen für ihr Leben ausgibt, wenn sie nicht länger das Geld zur Ausübung ihrer Macht einsetzen will.

5. Abgrenzung

Skepsis und Totalität

Die erste Art sich abzugrenzen geschieht durch den Einsatz von Skepsis und Misstrauen (die eigentlich der eigenen unbekannten Dunkelheit gelten, die nach außen projiziert wird).

Hat die Venus/Pluto-Persönlichkeit ihr unbekanntes Inneres mehr und mehr erforscht und damit ihre intensive Ausstrahlung verstärkt, so kann sie diese als Grenzschutz nach außen verwenden, indem sie all jene abschreckt, die sich auf diese Leidenschaft und Tiefe nicht einlassen können.

Hat sie die Macht über ihr Leben, ihre Selbstbestimmung wieder gewonnen, so wirkt ihre starke Gesamtpersönlichkeit als Grenze und lässt nur solche Menschen zu, die selbst ihre innere Einheit mit der schwarzen Seite ihres Wesens erlangt haben.

6. Lieblingsprojektionen

Große, mächtige Banken und Versicherungsunternehmen, Finanzamt; Menschen, die ihre Macht durch Geld missbrauchen bzw. Geld als Mittel zur Macht und Dominanz benutzen, die andere durch Geld manipulieren; Kriminelle.

Auf körperlicher Ebene als Zeichen der passiven Manifestation: Verkrampfungen, Spasmen im Hals/Nackenbereich; Kropf (Festhalten von ergattertem Besitz); Würgen.

Konkrete Förderungen der Stier-Venus/Pluto-Persönlichkeit

- Sich gezielt all den Themen und Bereichen widmen, die Angst bereiten (= letztendlich immer Angst vor sich selbst, vor seinem eigenen Unbekannten)

- Tabulose Sinnlichkeit und Genussfreude

- Stirb-und-werde-Prozesse genießen lernen

- Macht durch Geld anstreben und ausüben

- Ihren Hauptbesitz in der Wiederverbindung mit dem innerlich Abgespaltenen (Gewinnung von innerer Sattheit) erkennen und ihn mehren

- Sich mit Tiefenpsychologie, Psychotherapie, forschenden Tätigkeiten, Aufdeckung von Verborgenem beschäftigen

- Ihr Geld mit eben diesen Tätigkeiten oder tabuisierten Themen und Unternehmungen (Spielhöllen, Milieu, extreme Therapien) oder errungener Macht verdienen

- Finanzen sichern z. B. durch Therapien, die Wandlungsprozesse einleiten durch Sinnlichkeit oder durch Kunst mit greifbaren Materialien (Ton etc)

- Möglichkeiten, in ihr inneres Dunkel vorzudringen, für sich finden und ggf. an andere weitergeben, als mögliche Geldquelle

- Ventile, auch künstlerischer Natur, finden, um die schwarzen, inneren Bilder, die auftauchen, umsetzen zu können.

ÜBUNGEN H

1. Wie kann sich die Venus/Pluto-Persönlichkeit am besten abgrenzen?

2. Womit verstärken folgende Konstellationen ihr Sicherheitsgefühl:

a. Venus im Skorpion im 2. Haus?

b. Venus im Skorpion im 6. Haus?

c. Venus im Skorpion im 11. Haus?

9. STIER-VENUS - JUPITER

Tierkreiszeichen Stier im 9. Haus / Tierkreiszeichen
Schütze im 2. Haus
Venus im Schützen (Jupiter im Stier)
Venus im 9. Haus (Jupiter im 2. Haus)
Aspekte zwischen Venus und Jupiter

Essenz

Genuss und Sicherheit durch (Weiter-)Bildung, Reisen
und Bewusstsein

Grundspannung

Fixe Materie --- Expansionsstreben

Lösung

Geld und Besitz für Weiterentwicklung, -bildung und
Bewusstseinserweiterung einsetzen.
Bildung und Bewusstheit für den Aufbau einer materiellen
Basis nutzen.

Wunde

Materielle Expansionssucht

Heilung

Wert und Sicherheit in seiner Persönlichkeit finden.

Selbstbild

Ich bin gebildet, weise und bewusst, also besitze ich.

1. Genuss

Fülle und ständige Weiterentwicklung

Der Venus/Jupiter-Persönlichkeit bereitet es besonderen Genuss, im Überfluss zu schwelgen, Fülle und Erfüllung zu erfahren, keinerlei Einschränkungen zu unterliegen, sondern maßlos ihrem Bedürfnis nach Expansion und Weiterentwicklung, nach Bildung und Bewusstseinserweiterung nachzugeben . Jede Unternehmung, die den geistigen Horizont erweitert, sei dies nun durch ein Studium, die Beschäftigung mit fremden Kulturen, Philosophien und Religionen oder eine Reise ins Ausland bieten ihr die Möglichkeit, das Leben zu genießen.

Ihre Sinnlichkeit wird entsprechend geweckt durch geistige Weite, einen hohen Bewusstseinsstand, höhere Bildung und philosophische Einsichten.

2. Sicherheit

Eigene Lebensphilosophie

Der Venus/Jupiter-Persönlichkeit vermittelt es ein Gefühl von innerer Sicherheit, aufgrund ihrer Lebenserfahrungen ein eigenes Erklärungsmodell zum Sinn des Lebens gefunden zu haben, also sich im Kontext einer größeren Einheit wahrzunehmen und für sich den Sinn des Lebens definiert zu haben.

Eine geistige Weite durch Reisen und Studium verleihen ihr ebenso Sicherheit wie ein selbst geschaffenes, individuelles Verständnis von Religion (Art der Rückverbindung zum Ganzen).

Wird Jupiter nach außen projiziert, sucht man diese Sicherheit in äußeren Religionen, Sekten, Gurus oder der Anlehnung an die gängige Lebensphilosophie und Religion.

Die höchsten Werte für diese Konstellation werden in einem weiten Horizont, Bildung, Intelligenz (Erkenntnisfähigkeit und Einsicht) und ständiger Expansion betrachtet.

3. Innerer und äußerer Besitz

Weisheit und Bildung

Es sind geistige Werte, die den inneren Besitz der Venus/Jupiter-Persönlichkeit ausmachen und die am besten in Geld umgesetzt werden können. Die Entwicklung eines hohen Bildungsstandes und einer eigenen Weisheit oder der Bezug zu Religion, fremden Kulturen und Ländern sind typische Ausgangspunkte, um sich eine materielle Basis aufzubauen.

So kann die Venus/Jupiter-Persönlichkeit sich in Reisetätigkeiten oder als Dozentin in Bildungsstätten beschäftigen oder Möglichkeiten zur Weiterentwicklung als Persönlichkeit eröffnen sowie im Rechtswesen tätig sein - als Grundlage zur Stillung ihrer materiellen Bedürfnisse.

Auf dem Weg dahin zeigt sie sich sehr offen gegen-

über finanziellen Zuwendungen von außen, während sie
später - selbst finanziell abgesichert und reich - sich auch
gerne als finanzielle Unterstützerin, als Mäzen betätigt.

4. Umgang mit Finanzen

Großzügigkeit

Die Venus/Jupiter-Persönlichkeit zeigt sich sehr großzü-
gig bis verschwenderisch mit ihrem Besitz. Ihre positive
Grundhaltung gegenüber Finanzen sichert ihr stetiges
Einkommen, bringt sie ohne Schwierigkeiten zu Besitz
und Geld, das sie jedoch genauso leicht wieder verschleu-
dern kann, wie es errungen wurde. Sie könnte jedoch auch
sehr bewusst und klug mit ihren Vorräten umgehen.

Am besten und liebsten angelegt wird ihr Einkommen
in sämtlichen Maßnahmen zur Weiterbildung, -
entwicklung, Bewusstseinserweiterung, für Reisen oder
als Investition zur Expansion ihrer Unternehmungen.

5. Abgrenzung

Geistiger Horizont

Unter dieser Konstellation gelingt es am besten, sich
durch die Entwicklung seines höheren geistigen Potentials
abzugrenzen.

Die geistige Weite bestimmt die Art von Menschen,
mit denen die Venus-Jupiter-Persönlichkeit zusammen-
trifft, wobei sie auch hier noch durch die Individualität,
die Besonderheit ihrer Erkenntnisse und Einsichten Grenzen ziehen kann.

Neben dem Bildungs- bzw. Erkenntnisgrad stellt auch

die Art der Lebensphilosophie und der religiösen Sichtweise/Angehörigkeit eine Möglichkeit zur Abgrenzung dar.

6. Lieblingsprojektionen

Geldverschwender, Superreiche; Leute, die den Geldhals nie voll genug bekommen können.

Auf der körperlichen Ebene als Zeichen der passiven Manifestation: Fettleibigkeit, Fettleber, Fettnacken.

Konkrete Förderung der Stier-Venus/Jupiter-Persönlichkeit

- Ihre Genussfreude in der Weiterentwicklung/-bildung, Horizonterweiterung, im Reisen zu erkennen und zu verstärken

- Mit ihrer Bildung, Bewusstheit und Weisheit, ihren Erkenntnissen, ihrem Religionsverständnis und Erfahrungen/Tätigkeiten im und mit dem Ausland Geld verdienen

- Eine eigene Lebensphilosophie und einen hohen Bildungs- und Bewusstseinsstand entwickeln, um sich sicher zu fühlen

- sich mit Hilfe ihres weiten Horizonts, ihrer Religionsart abgrenzen

- Expansionsstreben zulassen, um Finanzen zu verbessern

- Sich einen Mäzen suchen oder selbst einer sein

- Das Geld fließen lassen

- Positive Erwartungshaltung gegenüber Finanzen und Besitz.

ÜBUNGEN I

1. Wie können sich Menschen mit folgenden Konstellationen am besten als Persönlichkeit abgrenzen:
a. Venus im Schützen im 1. Haus?
b. Venus im Schützen im 10. Haus?

2. Womit verdient man bei folgenden Konstellationen am besten sein Geld:
a. Venus in den Zwillingen im 9. Haus?
b. Venus in den Fischen im 9. Haus?

10. STIER-VENUS - SATURN

Tierkreiszeichen Stier im 10. Haus / Tierkreiszeichen
Steinbock im 2. Haus
Venus im Steinbock (Saturn im Stier)
Venus im 10. Haus (Saturn im 2. Haus)
Aspekte zwischen Venus und Saturn
Aspekte zwischen Venus und MC

Essenz

Genuss und Sicherheit durch Stabilität, Beruf und eigenes
Rückgrat.

Grundspannung

Genussfreude --- Leistung
Besitzstreben --- Anerkennungsstreben

Lösung

Genuss in der Leistung, in seinem Ehrgeiz und Beruf fin-
den.
Geld und Besitz nutzen, um Anerkennung zu ernten und
seine Berufung zu leben.
Einsatz von Stabilität, Kontinuität und Ausdauer, um zu
Geld und Besitz zu kommen.

Wunde

Es versagt zu bekommen/sich zu versagen, das Leben zu genießen.
Armut. Angst, zu verhungern.

Heilung

Sich das Recht zugestehen, sein Dasein zu genießen, und es auch zu tun (selbst die bestimmende Autorität dafür sein). Realitätssinn, Geduld, Leistung, Konzentration, Ehrgeiz, der Aufbau eines eigenen Rückgrats durch Definition seiner individuellen Lebensziele und deren gut geplante Umsetzung nutzen, um sich eine sichere materielle Basis langsam aufzubauen.

Selbstbild

Ich ordne, bin mein eigenes Gesetz und leiste sehr viel, also besitze ich.

1. Genuss

Ordnung und Anerkennung

Die Venus/Saturn-Persönlichkeit genießt es, Ordnung und Struktur in ihr Leben zu bringen, was ihr am leichtesten durch die Konzentration auf das Wesentliche und eine genaue, realistische Planung gelingt.
Sie definiert Genuss damit, Leistung erbracht zu haben und dafür die durch großen Einsatz von Arbeit und Ehr-

geiz verdienten Früchte zu ernten. Diese sind außer einer selbst aufgebauten Ordnung auch Anerkennung und die Möglichkeit, in der Öffentlichkeit, in der Gesellschaft (die ihr gerade wichtig ist, das muss nicht die konventionelle sein!) etwas darzustellen und zu bedeuten.

Je mehr als Haltefunktion das eigene Rückgrat aufgebaut ist, relativiert sich die Orientierung an der äußeren Bestätigung und es bereitet eine wesentlich größere Lust, sich an der Festigkeit in sich selbst, der eigenen Anerkennung ihrer realen, entwickelten Werte zu erfreuen.

Die Sinnlichkeit der Venus/Saturn-Persönlichkeit wird demnach erweckt durch insbesondere berufliche Leistungen und das Maß an Ordnung, Struktur und Festigkeit, das herrscht.

2. Sicherheit

Das eigene Rückgrat

Halt in sich zu finden durch eine konkrete, realistische Lebensplanung und deren Umsetzung mit Hilfe von Ausdauer, Geduld und Ehrgeiz bedeutet den langsamen, aber kontinuierlichen Aufbau eines eigenen Rückgrats, was die Grundvoraussetzung für die Venus/Saturn-Persönlichkeit darstellt, um ein Sicherheitsgefühl entwickeln zu können.

In Projektion hieße dies Sicherheit durch ein Außengerüst wie Norm und Konvention der Gesellschaft (traditionell, religiös, spirituell, alternativ) oder einen äußerlich anerkannten Beruf.

Die reale Sicherheit wird jedoch langfristig immer der Stabilität aus sich selbst heraus bedürfen, für die sich die Venus/Saturn-Persönlichkeit genügend Zeit für langsame Fortschritte einräumen muss. Auch ihre wirkliche Berufung erfasst und in einem konkreten Berufsbild umgesetzt zu haben, zählt zu den Möglichkeiten, Sicherheit zu empfinden. Die Werte, die am meisten zählen, sind Zuverlässigkeit, Ausdauer, Ehrgeiz und berufliches Engagement.

3. Innerer und äußerer Besitz

Stabilität und Beruf

Der grundlegende innere Besitz, den es für die Venus/Saturn-Persönlichkeit zu erwerben gilt, sind Zuverlässigkeit und Stabilität, aber auch Klarheit, Realitätssinn und die Fähigkeit, sich selbst Autorität zu sein. Diese Qualitäten sind eng mit ihrem Berufsleben und den dort erbrachten Leistungen verknüpft. Je mehr Ehrgeiz und Arbeit investiert wird, umso höher werden diese Leistungen sein, die die Grundlage für eine finanzielle Basis bilden.

Hat die Venus/Saturn-Persönlichkeit ihre Lebensziele, ihre beruflichen Ambitionen und die ihrer Individualität entsprechenden Gesetzmäßigkeiten und Richtlinien selbst definiert und arbeitet sie mit Durchhaltekraft und auch über Durststrecken hinweg auf deren Verwirklichung zu, hat sie die bestmöglichen Voraussetzungen zum Geldverdienen geschaffen.

Für höhere Einkünfte muss sie sich Zeit lassen und schrittweise Vorarbeit leisten, kann sich dann jedoch auch auf ein ihrer Leistung entsprechendes Einkommen verlassen.

Typische Berufe zum Geldverdienen sind die des Lehrers, des Gesetzgebers, des Richters über die Erhaltung von Ordnungen, ist der Staatsdiener.

Derjenige, der sich eigene, andere berufliche Ziele gesteckt hat, wird diese ebenso zu Geld umsetzen können, wenn er bereit ist, Zeit, Geduld und langfristigen Arbeitseinsatz zu investieren.

Es besteht beruflich die Wahl, anderen seine selbst erkannten (oder die offiziellen) und für seine Persönlichkeit passenden Maßstäbe aufzuoktroyieren oder sie zu unterstützen, ihre eigenen Richtlinien zu finden, um ihre ganz individuelle Art der Stabilität aufzubauen.

4. Umgang mit Finanzen

Sparsamkeit

Die Venus/Saturn-Persönlichkeit versteht es, sich auf die wesentlichen Ausgaben zu beschränken und langsam aber sicher eine stabile Finanzwelt aufzubauen.

Sie prüft jede Investition auf langfristige Rentabilität und ist fernab jeder Verschwendung. Sie geht geplant und gezielt mit ihrem Einkommen und Besitz um und hat den Ehrgeiz, sich eine feste, ansehnliche materielle Basis zu erarbeiten.

Ihre berufliche Tätigkeit, ihr ehrgeiziges Engagement in der Öffentlichkeit, um Anerkennung und Bestätigung zu erringen, sowie Maßnahmen, um sich selbst Autorität sein zu können (die geplante, realistische Verwirklichung der Lebensziele) stehen im Vordergrund, wenn es um den Einsatz ihres Geldes geht.

Sie benötigt Ordnung, Überblick und Kontinuität in ihren Finanzen.

5. Abgrenzung

Eigene Lebensstruktur und Beruf

Die Venus/Saturn-Persönlichkeit grenzt sich in erster Linie durch die Herausarbeitung einer eigenen Lebensstruktur und eigener Lebensziele ab, d.h. mit der Fähigkeit, sich selbst Halt und Gerüst zu sein sowie die Gesetzmäßigkeiten ihrer Person zu erkennen und zum einzig gültigen Maßstab zu erheben.

Den zweiten Faktor stellt der Beruf, die Art, in der Gesellschaft und Öffentlichkeit zu stehen, dar, der es ihr ermöglicht, ihr Revier abzustecken und zu verteidigen.

6. Lieblingsprojektionen

Finanzamt; Menschen oder Institutionen, die einem ersatzweise die Finanzen regeln (Eltern, Partner, Staat, Sozialamt); Steuergesetze; Scheidungsrecht (Unterhaltsregelung); Versicherungen (äußerer Halt für/anstatt innere Sicherheit).

Auf körperlicher Ebene als Zeichen der passiven Manifestation: Verhärtungen, Steifheit im Hals/Nackenbereich, Halsstarre.

Konkrete Förderungen der Stier-Venus/Saturn-Persönlichkeit

- Ihr Leben ordnen und strukturieren, um es genießen zu können

- Ihren Genuss in Leistung, Ehrgeiz und Beruf erkennen und zulassen

- Konkrete Lebensziele und -pläne sowie deren realistische Umsetzung als Voraussetzung für innere Sicherheit wahrnehmen und schrittweise verwirklichen

- Zuverlässigkeit, Klarheit und Geradlinigkeit als weitere Basis für Sicherheitsgefühle und Abgrenzungsvermögen entfalten

- Sich Zeit lassen für die realistische Entwicklung einer gesunden materiellen Basis

- Ihre Finanzen stets übersichtlich und geordnet halten und Investitionen auf gut geplante, langfristig ertragreiche Unternehmungen beschränken und besonders im beruflichen Bereich tätigen

- Mit Sparsamkeit und Selbstdisziplin mit ihrem Geld umgehen

- Ihre eigenen Maßstäbe zum Umgang mit Geld aufstellen, die der eigenen Persönlichkeit wirklich entsprechen

- Ihr Geld mit Hilfe von Ehrgeiz, kontinuierlichem Einsatz und Durchhaltevermögen in Bereichen

verdienen, die Ordnung und Struktur versinnbild-
lichen: Kontroll- und Richterfunktion, Gesetzge-
ber, Beamter; Richtlinien aufstellen und umsetzen;
Menschen bei der Ordnung und Strukturierung ihres Lebens helfen, sie in Kontakt mit ihrem inneren Gesetz und Plan bringen, sie unterstützen beim
Aufbau ihres Rückgrats, bei der Gestaltung eines
selbst verantworteten, erwachsenen Lebens.

ÜBUNGEN J

1. Welche Werte sind der Venus/Saturn-Persönlichkeit am
wichtigsten?

2. Über welchen inneren Besitz verfügen Menschen mit
folgenden Konstellationen:
a. Venus im Steinbock im 4. Haus?
b. Venus im Steinbock im 7. Haus?
c. Venus im Steinbock im 11. Haus?

11. STIER-VENUS - URANUS

Tierkreiszeichen Stier im 11. Haus / TKZ Wassermann im 2. Haus
Venus im Wassermann (Uranus im Stier)
Venus im 11. Haus (Uranus im 2. Haus)
Aspekte zwischen Venus und Uranus

Essenz

Genuss und Sicherheit durch Freiheit, Spontaneität und Gemeinschaftssinn.

Grundspannung

Materie und Besitz --- Ausbruch, Abwechslung, Spannung, Unabhängigkeit.

Lösung

Geld und Besitz für seine Befreiung und ein unabhängiges Leben einsetzen.
Fähigkeit zu Freiheit, Abwechslung, Gemeinschaftssinn und Innovation zum Erwerb von Geld und Besitz nutzen.

Wunde

Chaotische Finanzverhältnisse.
Ständig vom Umbruch bedrohte Sicherheit.

Heilung

Abwechslung und Spannung, indem man verschiedene Geldquellen gleichzeitig schafft.
Lernen, sich in seiner Freiheit sicher zu fühlen.

Selbstbild

Ich bin frei (von Selbstbegrenzungen) und engagiere mich in der/für die Gemeinschaft bzw. in einem Team, also besitze ich.

1. Genuss

Freiheit

Die Venus/Uranus-Persönlichkeit genießt in erster Linie ihre Unabhängigkeit, einen weit geschaffenen Freiraum, der ihr die Möglichkeit bietet, ihrer Experimentierfreude und ihren Spontaneinfällen Folge zu leisten.

Sie liebt Abwechslung, Spannung und ein vielseitiges Leben, freut sich über jede Überraschung, jeden plötzlichen Umschwung in ihrem Leben, der den Ausbruch aus Routine und dem Gewöhnlichen mit sich bringt.

Ein weiterer wichtiger Bereich stellen Freunde, Gleichgesinnte dar, eine Gemeinschaft oder Gruppe, in der man zusammenarbeitet, gleiche Ziele verfolgt und seinen Teil zu mehr Gerechtigkeit, Gleichheit und Gemeinschaftlichkeit beitragen möchte.

Die Venus/Uranus-Persönlichkeit genießt jeden Skandal, der die übliche Moral und Konvention durchbricht und Raum für neue Erfahrungen und Unternehmungen eröffnet. Sie will die Befreiung von Erstarrtem und die

Öffnung für das Eigenwillige, das Chaos als die Grundlage neuer Strukturen.
Ihre Sinnlichkeit wird erweckt durch sehr viel Freiraum, Abwechslung, Spannung und Vielseitigkeit.

2. Sicherheit

Unabhängigkeit und Distanz

Die Fähigkeit, sich aus zu eng gewordenen Lebensstrukturen selbst zu befreien und damit Gestalter seiner Unabhängigkeit zu sein, ist der erste wichtige Punkt für die Venus/Uranus-Persönlichkeit, um sich sicher zu fühlen.

Der zweite Faktor liegt in dem Bedürfnis nach Distanz, nach Abstand als Schutz davor, sich in Gefühlen und Bindungen zu eng einzuschnüren. Dieser Schutz ist so lange notwendig und Basis eines Sicherheitempfindens, solange noch keine reale Befreiung, d.h. keine Gefahr mehr vor Freiheitsverlust besteht, da man sich von selbst gesetzten Schranken, Grenzen und Tabus gelöst hat und damit auch keine Einschränkung von außen mehr stattfinden kann (wie innen - so außen), da man reale innere Freiheit (letztendlich von seiner Ego-Identifikation) erreicht hat.

Bis dahin braucht es die Venus/Uranus-Persönlichkeit, das Leben als relativ zu betrachten und sich so wenig wie möglich festzulegen. Sie benötigt Ausbruchsmöglichkeiten, um wieder neue Formen für ihre individuellen Inhalte zu kreieren und einen neuen Lebensabschnitt beginnen zu können.

Ihr höchster Wert ist deshalb Freiheit, die Fähigkeit des Bruchs mit überholten, ausgedienten Lebensstrukturen und der offene Blick für das Ungewöhnliche, das Avantgardistische.

Außerdem nehmen Freundschaftlichkeit, Hilfsbereitschaft und Gemeinschaftssinn einen hohen Rang in ihrem Wertesystem ein.

3. Innerer und äußerer Besitz

Vielseitigkeit und Teamgeist

Die Venus/Uranus-Persönlichkeit kann sich auf ihre unterschiedlichsten Seiten und Qualitäten als inneren Besitz verlassen, den sie auch in äußeren Reichtum umwandeln kann. Sie bedarf dazu des Freiraums für verschiedene, nicht routinemäßige Tätigkeiten, für Experimente und unkonventionelle Unternehmungen, die sie auch plötzlich wieder ändern kann.

Sie verdient ihr Geld am liebsten mit unregelmäßiger Arbeit oder bezieht ihr Einkommen aus verschiedenen Verdienstquellen. Es eignen sich Beschäftigungen mit neuester Technik, Elektrizität, Computer, Befreiung von festen Strukturen, Bezug zur Avantgarde, zum Futurismus, zum Kampf für mehr Gleichheit und Unabhängigkeit.

Die Venus/Uranus-Persönlichkeit verdient ihr Geld am besten mit ungewöhnlichen Tätigkeiten und/oder in Zusammenarbeit mit einem Team, mit einer Gruppe Gleichgesinnter.

Sie ist in der Lage, ihre Fähigkeiten in eine Gemeinschaft einzubringen und nicht selbst im Vordergrund stehen zu müssen, was sich finanziell als vorteilhaft erweist.

Sie kann Geld und Besitz dazu nutzen, ihren Freiheitsgrad noch mehr zu erhöhen.

4. Umgang mit Finanzen

Chaotisch bis spontan

Menschen mit dieser Konstellation verfolgen keine für den Außenstehenden erkennbaren Pläne mit ihrem Geld. Es wird plötzlich und spontan für ihre Eingebungen und Blitzideen verwandt, für ihre Anwandlungen, um aus der Routine des Alltags auszubrechen. Sie setzen es für ihre Unabhängigkeit, zum Stillen des Bedürfnisses nach Freiraum und Außerordentlichkeit, nach unkonventionellen Unternehmungen, Spannung und Aufregung ein.

Langfristige Anlagen entsprechen nicht ihrem Wesen, eher ein Sparen, um dann völlig unerwartet eine Finanzaktion zu starten, die kein Normalsterblicher so recht nachvollziehen kann und auch nicht braucht.

Geld wird als Mittel zum Zweck, als Grundstock für ein hohes Maß an Freiraum verstanden und auch in diesem Sinne zum Einsatz gebracht. Sie investieren in alles, was ihr Gefühl der Unabhängigkeit nährt, was sie so weit wie möglich ohne Schranken und Regeln ihr Leben führen lässt.

5. Abgrenzung

Unberechenbarkeit

Fühlt sich die Venus/Uranus-Persönlichkeit in falscher Gesellschaft oder eingeengt und will sie sich von ihrem Umfeld abgrenzen, greift sie zu plötzlichen Spontanaktionen, die Distanz und Abstand herstellen und ihr das Gefühl vermitteln, wieder Luft zu bekommen, wieder tief durchatmen zu können.

Sie bricht aus, verändert, führt unerwartete Trennungen

herbei oder verhält sich in so genannter unmöglicher, skandalöser Weise.

Sie kann auch eine reale erwachsene Freiheit erlangen und durch ihre Eigenwilligkeit, ihre Uneinschränkbarkeit (da sie sich von ihren inneren Einschränkungen befreit hat) ihre Grenzen zur Umgebung ziehen.

6. Lieblingsprojektionen

Leute, die nicht oder nur unberechenbar mit Geld umgehen können; extrem spontane Menschen, auf die man sich nicht verlassen kann, die nicht sicher sind; Aussteiger, die ihre finanzielle Sicherheit für das „bisschen Freiheit" wegwerfen.

Auf körperlicher Ebene als Zeichen der passiven Manifestation: HWS-Schleudertrauma; Schiefhals, Halswirbelverschiebung; Nervenerkrankungen im Halsbereich; Genickbruch; Luxation Schultergelenk (auch Zwillinge-Uranus).

Konkrete Förderung für die Stier-Venus/Uranus-Persönlichkeit

- Ihre Genussfreude in der Abwechslung, Vielseitigkeit, Spannung des Lebens, in dem Erwirken von so viel Freiheit wie möglich erkennen und diese fördern und entwickeln

- Der Lust auf Gemeinschaft, Zusammensein mit Freunden und Gleichgesinnten nachgehen

- Ihre Sicherheit in der Fähigkeit zum Ausbruch aus

zu starr gewordenen Lebensstrukturen wahrnehmen und verstärken

- Ihr Geld mit ungewöhnlicher, unregelmäßiger Arbeit, mit verschiedenen Einkommensquellen oder im Team mit anderen verdienen

- Keine 40-Stunden-Woche, keine Routinejobs, keine langfristig gleich bleibende Tätigkeit als Grundlage für ihr Einkommen wählen

- Mit neuester Technik, Computer, Originalität, erfinderischem Geist ihre Finanzen ausbauen

- Plötzliche Spontanaktionen zulassen, wenn der Druck von Einengungen zu groß wird (den eigenen Anteil der Einschränkungen erkennen)

- Geld für ihre Unabhängigkeit, für Gemeinschaften mit dem Ziel von mehr Freiheit und Gleichheit investieren

- Ihren größten Wert in der Unabhängigkeit erkennen

- Sich bezüglich ihrer Sinnlichkeit von moralischen Schranken und Tabus befreien; sich die Freiheit nehmen, ihr ganz eigenes Verständnis von Sinnlichkeit zu entdecken und zu leben

- Freundschaften genießen.

ÜBUNGEN K

1. Was vermittelt der Venus/Uranus-Persönlichkeit ein Gefühl der Sicherheit?

2. Welche Verdienstquellen entsprechen folgenden Konstellationen:
a. Venus im Wassermann im 1. Haus?
b. Venus im Wassermann im 3. Haus?
c. Venus im Wassermann im 9. Haus?

3. Wie grenzen sich Menschen mit folgenden Konstellationen am besten ab:
a. Venus im Löwen im 11. Haus?
b. Venus in der Jungfrau im 11. Haus?

12. STIER-VENUS – NEPTUN

Tierkreiszeichen Stier im 12. Haus / Tierkreiszeichen Fische im 2. Haus
Venus in den Fischen (Neptun im Stier)
Venus im 12. Haus (Neptun im 2. Haus)
Aspekte zwischen Venus und Neptun

Essenz

Genuss und Sicherheit durch Einheitsgefühl, soziales oder künstlerisches Engagement, natürliches Heilen und Anderssein

Grundspannung

Fixe, greifbare Materie --- fließende Unbeständigkeit; Phantasie und Unvernunft.

Lösung

Einsatz von Geld und Besitz, um sein Anderssein, seine Träume und Sehnsüchte zu verwirklichen.
Einsatz von Phantasie und Intuition, von sozialem, künstlerischem und helfend-heilenden Einsatz für seine materielle Basis.

Wunde

Auflösung jeder Sicherheit und Festigkeit.
Keine Grenzen ziehen können.
Finanzielle Unsicherheit.

Heilung

Seine Sicherheit im Fließen mit den (letztendlich selbst gestalteten) Geschehnissen des Lebens erkennen. Geld verdienen und Abgrenzung durch die genussvolle Entfaltung seines Andersseins, seiner sozialen, künstlerischen und helfend-heilenden Fähigkeiten. Sicherheit nicht im materiellen Bereich suchen.

Selbstbild

Ich bin anders, habe viel Phantasie und Einfühlungsvermögen und verfüge über soziales Empfinden, künstlerisches Talent und heilerische Fähigkeiten, deshalb besitze ich.

1. Genuss

Verschmelzung und Ruhe

Am besten kann die Venus/Neptun-Persönlichkeit die Auflösung über die eigenen Grenzen hinaus, das Aufgehen in einer größeren Einheit genießen. Es fällt ihr leicht, mit einem Partner, einer Musik oder letztendlich mit sich selbst zu fließen und zu verschmelzen und die Notwendigkeiten des Alltags, die Anforderungen der Vernunft weit hinter sich zu lassen.

Die Loslösung von der Orientierung an Zweck und Nutzen und sich stattdessen ihren Träumen und Sehnsüchten zuzuwenden wird ebenso als Genuss empfunden wie die Fähigkeit, diese mit Phantasie in die Wirklichkeit umzusetzen.

Die Sinnlichkeit der Venus/Neptun-Persönlichkeit wird demnach erweckt durch Loslassen, Fließen, Momente des Einheitsgefühls und der Verbundenheit.

2. Sicherheit

Phantasie und Hingabe

Die Venus/Neptun-Persönlichkeit verfügt über endlose Phantasie, über Intuition und Einfühlungsvermögen als Qualitäten, die ihr das Gefühl der Sicherheit vermitteln.

Es sind dies keine materiellen Werte, sondern Sensibilität, Mitgefühl und das Fließenkönnen mit den Situationen des Lebens, auf die sie sich stützt. Auch die Entwicklung ihres künstlerischen Talents und ihrer heilenden Kräfte tragen dazu bei, sich ihrer sicher zu sein.

Die Werte der Venus/Neptun-Persönlichkeit liegen daher nicht im sichtbaren Bereich (außer vielleicht Kunst, Helfen, Soziales), sondern auf dem Gebiet des Fühlens, der Verbundenheit mit allen Wesen, dem Aufgehen können in einer überpersönlichen Aufgabe.

3. Innerer und äußerer Besitz

Anderssein und Helfen

Das Besondere an der Venus/Neptun-Persönlichkeit, das

sie als inneren Besitz entwickeln und zu äußerem umwandeln kann, ist ihr so genanntes Anderssein, ihr Abweichen von dem Üblichen, dem Gewöhnlichen.

Bedeutete dies bei Uranus noch plötzliche, spontane Ausbrüche, so heißt es bei Neptun ein langsames Auflösen zu fest und hart gewordener Strukturen, ein unauffälliges Herausfließen aus dem, was üblicherweise gefällt und angestrebt wird.

Den Mut zu haben, diesem Anderssein, das sich zuerst in Träumen und Sehnsüchten ausdrückt, bewusst eine Form zu verleihen, ist die Grundlage, um ihrer Persönlichkeit gerecht werdend zu Geld zu kommen. Wichtig sind unregelmäßige, ungewöhnliche Tätigkeiten, die so wenig wie möglich in feste Raster pressen oder Routine verlangen.

Typische neptunische Einnahmequellen sind neben Betrug und Schwindeleien helfende, heilende, soziale, alternative und künstlerische Tätigkeiten oder Beschäftigungen, die auf einem tiefen mystischen Empfinden und Verständnis beruhen. Auch Chemie, Gifte, Wasser, Pharmazie, Meditation geben klassische Neptunbereiche ab.

Mitgefühl und Einfühlungsvermögen, Phantasie, Unvernunft und Intuition sind ansonsten die grundlegenden Qualitäten, die die Venus/Neptun-Persönlichkeit zu Geld machen kann.

4. Umgang mit Finanzen

Unvernünftig

Nach den offiziellen Maßstäben zeigt sich die Venus/Neptun-Persönlichkeit als sehr unrealistisch und unüberlegt in ihrem Umgang mit Geld. Sie pflegt keine Pläne zu machen, genauere Ziele anzuvisieren, Börsenblätter zu studieren oder sichere, langfristige Anlagen zu tätigen.

Stattdessen gibt sie ihr Geld für ihre Art von Werten und Genuss aus (Mystik, Kunst, Musik, Malerei, Helfen, Heilen, Soziales, Unmögliches, Retten) und könnte in Zeiten, in denen sie dieses Ventil nicht hat, Betrügereien aufsitzen, finanziell ausgenutzt werden oder selbst die Rolle des Täters eines solchen Geschehens spielen.

Beste Vorbeugung - bei Bedarf - ist es, sich einen neptunischen Bereich zu wählen (s. Klammer oben), in dem sie konkret ihren Besitz erwirtschaftet und auch anlegt. Dabei folgt sie besser ihrem inneren Gefühl als vernünftigen Überlegungen und stellt die Verwirklichung ihrer tiefsten Sehnsüchte in den Vordergrund.

5. Abgrenzung

Seine Träume verwirklichen

Die Venus/Neptun-Persönlichkeit grenzt sich am besten durch die Erfassung und Verwirklichung ihrer Träume von ihrer Umgebung als eigenes, besonderes Individuum ab. Am besten sie gewährt ihren Sehnsüchten Zugang zu ihrem Bewusstsein und manifestiert sie im Äußeren.

So wird ihr Anderssein (= ihr besonderer Wert) sichtbar und nimmt klare Konturen an.

Auch ihre Fähigkeit des Helfens und Heilens, des sozialen Empfindens, der Phantasie, Kunst und Intuition bieten ihr Möglichkeiten, sich konkret gegen die "normale Welt" mit ihren gewöhnlichen Forderungen abzugrenzen. Sie könnte sich auch mit feinstofflichen Methoden der Aurastärkung befassen, um sich unsichtbare Grenzen aufzubauen, die sie im Alltag und gegenüber ihren Mitmenschen schützen.

6. Lieblingsprojektionen

Betrüger, Schwindler, Geldhinterzieher, Ausbeuter oder ausgenutzt werden; Sozialhilfeempfänger; wegen Armut ausgestoßene und missachtete Menschen; Leute, die mit Geld nicht vernünftig umgehen können, denen das Geld unter den Fingern zerrinnt; undurchsichtige Geldgeschäfte.

Auf der körperlichen Ebene als Zeichen der passiven Manifestation: Hauterkrankungen als Abgrenzungsersatz; Fresssucht; Geldsucht; AIDS als Symbol für Mangel an körperlicher Abgrenzung oder zu extremer Abgrenzung (als Ausgleich); Suchtverhalten aufgrund von Problemen mit der Materie/Geld oder Abgrenzungsschwierigkeiten.

Konkrete Förderungen der Stier-Venus/Neptun-Persönlichkeit

- Ihre Genussfreude im Verschmelzen über die eigenen Grenzen hinaus, im Aufgehen in einer größeren Einheit erkennen und sich Raum dafür geben (aber auch beachten: Suche nach Verschmelzung im Äußeren heißt eigentlich zuerst die Suche nach Verschmelzung/Verbindung all seiner Seiten in sich)

- Sich eine vollkommen hingebungsvolle Sinnlichkeit gönnen

- Meditative Rotweinzeremonie

- Ihre Werte und ihre Sicherheit in der Loslösung

von Vernunft, Zweckorientierung und Verwertungsdenken erkennen, in ihrer Phantasie und Intuition, ihrem Einfühlungsvermögen und Mitgefühl

- Ihre Träume und Sehnsüchte achten und sie als Ausgangspunkt zur Verwirklichung ihres Andersseins wahrnehmen und realisieren, das zur Erwirtschaftung von Geld und Besitz notwendig ist

- Heilende, helfende, soziale, alternative und künstlerische Tätigkeiten als weiteren Grundstock für Geldeinnahmen einsetzen

- Keine gewöhnlichen, regulären Einkommensquellen wählen, es sei denn in besagten Bereichen

- Geld aus dem inneren Gefühl heraus, für ihre neptunischen Werte ausgeben, nicht gemäß vernünftiger Berechnung

- Sich durch ihr verwirklichtes Anderssein, ihre verwirklichten Sehnsüchte und mit Hilfe Aura stärkender Methoden, manchmal auch Rückzug abgrenzen

- Ihren Reichtum nicht in der materiellen Welt suchen, eher in neptunischen (s.o.) Bereichen, in der Vereinigung mit einer höheren, alles umfassenden Einheit, auch in ihrer endlosen Phantasie und Sensibilität.

ÜBUNGEN L

1. Wieso hat die Venus/Neptun-Persönlichkeit Schwierigkeiten, sich abzugrenzen?

2. Welche Art der Abgrenzung ist ihrem Wesen entsprechend?

3. Wie würde sie bei folgenden Konstellationen speziell aussehen:
a. Venus in den Fischen im 8. Haus?
b. Venus in den Fischen im 10. Haus?

3. HEIMKEHR IN DIE ESSENZ DER AHNEN

Energieöffnungsübung

Wählen Sie eine wesentliche Stier/Venus-Konstellation heraus, die in Ihrem Horoskop und dem Ihres Vaters oder Ihrer Mutter vorkommt, möglichst eine Konstellation mit einem überpersönlichen Planeten, also Venus/Saturn, Venus/Uranus, Venus/Neptun oder Venus/Pluto, je nachdem, was auf Sie zutrifft. Wenn Sie wollen, können Sie auch die Horoskope der Vorfahren Ihrer Eltern ausfindig machen und nachsehen, wo diese Energie innerhalb der Ahnenreihe noch fließt und von wem das ausgewählte Elternteil ihrerseits ihre Energie erhält. Selbstverständlich können Sie die Übung auch mit allen anderen übereinstimmenden Venus-Konstellationen durchführen:

Wählen Sie sich einen Ort und Zeitraum aus, an dem Sie sicher ungestört sind. Stellen Sie sich bequem hin und stellen Sie sich die ausgewählte Venuskraft als Energiekugel in sich und dem gewählten Elternteil, das hinter Ihnen steht, vor und wie ein Energieband diese beiden Kugeln verbindet. Sie spüren, wie Sie von diesem Band schon immer mit dieser Art der Venuskraft versorgt und genährt werden und auch auf immer versorgt sein werden.

Spüren Sie den ständigen Strom der Venus-Energie, wie er von Ihrem Vater bzw. Ihrer Mutter in Ihre Energiekugel einfließt. (wenn Sie wollen, können Sie sich auch die verkörperte Venuskraft aus früheren Generationen vorstellen, die in einer Linie hinter dem Elternteil stehen, und von denen die Kraft zu Ihrem Vater/Ihrer Mutter fließt und diese wiederum versorgen, unabhängig davon, ob diese vorhergehenden Ahnen noch leben oder nicht).

Bleiben Sie in aller Offenheit und Aufnahmebereit-schaft, in dem Gefühl der Verbindung und Verbundenheit und des Versorgtseins. Wenn Sie möchten, können Sie sagen: Dir/Euch zu Eh-ren mache ich etwas aus dieser Energie, auf meine Weise. Und gehen Sie in Gedanken mit diesem Gefühl ein paar Schritte nach vorne, versorgt und doch völlig eigenständig in Ihrer eigenen Umsetzung dieser Venus-Kraft.

Wenn die jeweilige Energie von Ihnen bei dem Eltern-teil oder einem anderen Vorfahr als sehr negativ erlebt wird, können Sie sich auch umdrehen und sagen: „Ich ge-be Dir die Ehre (dabei verbeugen Sie sich). Ich achte die Form, wie Du die ....-Energie lebst, und lasse sie bei Dir, in Liebe und Respekt. Ich lebe sie in meiner Weise. Bitte schaue freundlich auf mich und gib mir Deinen Se-gen." Drehen Sie sich wieder um mit dem Blick nach vor-ne. Gehen Sie mit der Vorstellung, Ihren eigenen Weg zu gehen, mehrere Schritte nach vorne.

Machen Sie sich ein Bild davon, wie diese eigene Form aussehen soll.

Bedenken Sie, dass diese Übung eine tiefe Wirkung auf Sie ausüben kann und geben Sie sich deshalb genü-gend Zeit, bis Sie sie mit dem anderen Elternteil oder ei-ner weiteren Venuskraft wiederholen.

4. STIER-VENUS-ANALYSE UND – SYNTHESE VON CHER

Geboren am 20.05.1946, 7.31 Uhr PST, El Centro CA

				☉											
☉	28°59'47 ♉			⚹	☽										
☿	18°20'43 ♉				△	☿									
♀	16°29'28 ♉						♀								
♂	25°45'54 ♊				□	∠	♂								
♂	13°21'05 ♋			⚹	□	⊼		♃							
♃	18°23'12 r ♌			⚹	⚹		□	♄							
♄	21°07'58 ♋			⊼			⚹	△	⚷						
⚷	16°25'42 ♊				⚼				♆						
♆	06°02'25 r ♎					∠	♂			♅					
♅	09°36'47 ♌			⊼		♂		△		♂	☊				
☊	20°51'07 ♊			⚼	∠	⊼	⚹	♂	△		⚹	⚷			
⚷	15°24'08 r ♎			⚹	∠		□	△			∠	⚼	☽		
☽	01°42'39 ♐			⚼						△		⚹	♂	Ac	
Ac	09°55'59 ♋					□	⚼		△		⚼	□			Mc
Mc	24°25'29 ♓														

H2	01°34'59 ♌	H3	25°28'21 ♌	H11	29°24'11 ♈	H12	06°29'15 ♊

1. ANALYSE

1. Basis 2. Haus

1. Im 2. Haus steht das Tierkreiszeichen Löwe.
2. Es kommt kein eingeschlossenes Zeichen dazu.
3. Es stehen Mars und Pluto im 2. Haus.
Mars kommt aus dem 11. Haus, Pluto hat seine Basis im 5. Haus.
4. Das Aktionsfeld der Herrscherin Sonne des 2. Hauses ist im Stier im 11. Haus.
5. Sonne Opposition Lilith, Anderthalbquadrat Mond, Jupiter, Chiron; Sextil MC.

2. Basis Stier

1. Das Tierkreiszeichen Stier steht im 11. Haus
2. Sonne und Merkur.
3. Das Aktionsfeld der Herrscherin Venus ist in den Zwillingen im 12. Haus.

3. Weitere Unterstützungen

1. Im Stier stehen Sonne und Merkur.
2. Die Sonne kommt aus dem 2. und 3. Haus; für Merkur müssen die Basis 12. Haus (Zwillinge) und 4. Haus (Jungfrau) aufgebaut werden.
3. Aspekte der Sonne: Opposition Lilith, Anderthalbquadrat Mond, Jupiter, Chiron. Sextil MC.
Aspekte des Merkur: Trigon Mond, Quadrat Mars, Quinkunx Jupiter, Sextil Saturn, Anderthalbquadrat Neptun, Quinkunx Chiron.

4. Aspekte der Venus

Venus Halbquadrat Mars und Pluto, Konjunktion Nordknoten, Quadrat MC.

SYNTHESE

Das zweite Haus von Cher wird vom Löwen regiert, d.h. Basis ihres Eigenwerts und ihres inneren und äußeren Besitzes stellt ihre Fähigkeit zu Eigenständigkeit und Kreativität dar, was sie auch optimal als Sängerin und Schauspielerin umsetzt. Sie verdient damit ihr Geld und grenzt sich mit ihrem exzessiven (Pluto) Körperkult (Löwe-Mars, „ich habe den tollsten Körper und bin deshalb Königin und erhaben") zudem deutlich ab. Sie investiert keine geringen Summen in extreme (Pluto) Chirurgiemaßnahmen (Mars), um einem ihrer höchsten Werte gerecht zu werden: der total (Pluto) perfekte Körper (Mars).- Noch unterstützt wird dieser "Wahn" durch den Krebs-Saturn in 1, den sie als Ehrgeiz lebt, einen den offiziellen Maßstäben gerechten, perfekten Körper einer Frau - Krebs - zu haben. Verstärkt wird der Wunsch, eine optisch vollkommene Frau zu sein, eine offizielle Schönheit, durch den Steinbock-Mond in 7, der zudem in Opposition zu dem Krebs-Saturn steht - immer wieder durchbrochen durch verrückte Outfits und Auftritte aufgrund ihrer Sonne und ihrem Merkur in 11.

Mit der Mars-Pluto-Konjunktion in 2 wird sie auch alle Hebel in Bewegung setzen, um ihre finanziellen Interessen mit Allgewalt durchzusetzen, wobei der Pluto in 2 gleichzeitig anzeigt, dass es auch immer wieder gilt, die rein materielle Ebene hinter sich zu lassen und sich von konkretem Besitz auch wieder verabschieden zu können -

oder aber sie könnte Macht durch Geld zum Einsatz bringen. Cher ist finanziell durch ihre künstlerische Arbeit völlig selbständig. Damit der Pluto in 2 sich entwickeln kann, braucht sie (was ohnehin schon durch die Position Plutos im Löwen gegeben ist) den totalen Einsatz ihrer Schöpferkraft, da Pluto aus dem 5. Haus kommt, während die Durchsetzung des Mars seine Basis im rebellischen, unkonventionellen 11. Haus hat, in dem auch das Tierkreiszeichen Stier und die Planeten Sonne und Merkur stehen. Das Maß an Entfaltung dieser beiden Planeten wie auch ihrer Unabhängigkeit (11. Haus) bestimmt ihre Möglichkeit, sich im finanziellen Bereich zu behaupten.

Mars/Pluto in 2 lassen auch auf eine sehr ausgeprägte sexuelle und abgründige Sinnlichkeit schließen. Sie genießt ihren Körper, auf den sie stolz sein kann und will, sowie sicherlich ein ausgeprägtes Maß an sexuellen Unternehmungen.

Ihre Eitelkeit (Löwe) kostet sie viel Geld, aber das Ergebnis verleiht ihr auch ein Gefühl der Sicherheit und des Selbstwertes.

Diese Gesamtheit (wie auch - weil Löwe ebenso in 3 steht - ihre Fähigkeit zu verbalem Selbstausdruck, die sie zweifelsohne hat) bietet den Background für die Entfaltung ihrer Stier-Sonne in 11. Dass sie sich finanziell emanzipiert hat und ihre finanzielle Sicherheit stark zu ihrem Gefühl der Unabhängigkeit beitragen wird, davon ist auszugehen. Die Sonne im Stier zeigt erneut, wie schon Löwe in 2, dass sie sich ihren Besitz durch schöpferische Arbeit, durch Spielen im direktesten Sinne erarbeitet. Die Opposition der Sonne zur Lilith lässt ihr Autonomiebestreben als Weib sehr stark werden und wird mit ihrer finanziellen Freiheit positiv bestärkt. Sie ist die totale (Lilith) Schöpferkraft (Lilith im 5. Haus in Opposition zur Sonne). Das Anderthalbquadrat der Sonne in 11 zu Chiron deutet daraufhin, dass ihr freiheitliches, aufrührerisches Grundverhalten mit der Notwendigkeit, im emotionalen (4. Haus) Bereich und auf dem Gebiet der Partnerschaften und der Begegnung (Waage) für eine tiefe Heilung zu sorgen, verbunden werden muss. Dasselbe gilt für die Anderthalbquadrate zu ihrem Steinbock-Mond in 7 (eher stabilitätsorientierte Emotionalität in Beziehungen) und ihrem Waage-Jupiter in 4 (Wunsch nach emotionaler Erfüllung in einer Beziehung). Ihre Sonne steht damit in Spannung zu ihrem Wunsch nach einer emotional stabilen und glücklichen Partnerschaft.

Der Merkur im Stier im 11. Haus verdeutlicht, dass sie ihr Geld und ihr Sicherheitsgefühl durch ungewöhnliche Umsetzung ihrer verbalen und geistigen Fähigkeiten erlangt, hier konkret: durch den Einsatz ihrer Stimme. Das Quadrat des Merkur zu der Mars/Pluto-Konjunktion in 2 könnte förderlich sein, wenn sie ihre Merkurqualitäten für die Freiheit im Finanzbereich oder auch die Befreiung von zu viel Sicherheitsdenken entfaltet (was sie ja tut) und damit ihrer extremen (Pluto) Kampfkraft (Mars) für ihre Werte, die sie auf jeden Fall auch in ihrem Königinnendasein sieht, in die Hände arbeitet. Das Quinkunx zum Waage-Jupiter in 4 zeigt auf eine Spannung zwischen ihrem Wunsch nach Erfüllung (Jupiter) durch emotionale Geborgenheit (4. Haus) in einer Partnerschaft (Waage) und ihrem Drang, in Arbeit (Jungfrau) und geistig-verbaler Selbstdarstellung (Zwillinge) vollkommen frei und unabhängig zu sein. Sie sieht sich als emanzipiert an, was Geld, Arbeit, Kreativität, Selbständigkeit, Schöpferkraft anbelangt, aber sie muss sich wohl auch immer wieder eingestehen, dass da tief in ihr noch andere Wünsche schlummern, die ihrem emanzipierten Selbstbild entgegenwirken. Das Sextil von Saturn zum Merkur gibt ihr Stabilität, Ausdauer und Ehrgeiz, um ihre Ziele als Darstellerin und in ihrer Arbeit zu erreichen.

Die Venus nun, als Herrscherin von Stier, benötigt auch die Entwicklung der Stier-Planeten als Hintergrund, um sich bestens entfalten zu können. Das kann sie bei Cher. Da diese ihre Arbeit, ihre Sprache und ihre Kreativität voll im Griff hat, dabei frei ist und dennoch sicher, kann die Zwillinge-Venus in 12 gut zur Geltung kommen. Wieder ist Sprache im Spiel, hier jetzt verbunden mit Sensibilität, Phantasie, Intuition und auch einem künstlerischen Potential, was Cher offensichtlich umzusetzen versteht. Die Sprache, als Sängerin wie auch als Schauspielerin, ist die Basis (neben der Kreativität und Unabhängigkeit), um reich zu werden und sich auch ihre Träume als Künstlerin (Waage-Venus) zu erfüllen.

5. ANALYSEBOGEN STIER-VENUS

Grundeigenschaften

Abgrenzung
Sicherheit
Finanzen und anderer Besitz
Genussfreude

1. Basis 2. Haus

1. Welches Tierkreiszeichen steht im 2. Haus?
2. Kommt ein eingeschlossenes Zeichen im 2. Haus zur Basis dazu?
3. Stehen Planeten im 2. Haus? Aus welchem Haus kommen sie, d.h. welche Basis muss von ihnen entwickelt werden?
4. Wo ist das Aktionsfeld (Zeichen und Haus) des Herrschers des 2. Hauses? D.h., wo schlägt er sich in erster Linie nieder?
5. Welche Aspekte wirken auf ihn? D.h. mit welchen Planeten muss er zusammenarbeiten?

2. Basis Stier

1. In welchem Haus steht das Tierkreiszeichen Stier?
2. Welche Planeten stehen in diesem Haus?
3. Wo ist das Aktionsfeld der aktiven Instanz Venus als Herrscherin des TKZ Stier? Wohin geht sie zusammen mit den sich in diesem Haus befindlichen Planeten? D.h. wo übt die zweite Basis ihren stärksten Einfluss aus?

3. Weitere Unterstützungen der Stier-Venuskraft

1. Welche Planeten stehen im TKZ Stier?
2. Wo ist deren Basis (Herkunftshaus), die zu ihrer Stärkung aufgebaut werden muss?
3. Welche Aspekte beschreiben sie, mit welchen anderen Planeten sind sie verbunden?

4. Aspekte der Venus

1. Welche Planeten wirken auf sie ein? Mit wem muss sie für ihre Entfaltung Kompromisse schließen?

5. Das Personar

1. Wie sieht das eigene Horoskop der Venus aus?

6. Status quo und Prognose

1. Welche Transite wirken zurzeit auf die Venuskraft im Horoskop ein (Transite)?
Wo steht die Solar-Venus für dieses Jahr?
Welche wesentlichen Aspekte bestehen zwischen der Solar-Venus und dem Radix (Orbis 2 Grad)?
Welche wesentlichen Transite wirken auf die Solar-Venus ein (von Transit-Jupiter bis Transit-Pluto)?
5. Wo steht die progressive Venus im Moment?
Bestehen Aspekte zwischen der progressiven Venus und Planeten des Radix (Orbis 1 Grad)?
Welche wesentlichen Transite wirken auf die progressive Venus ein (von Transit-Jupiter bis Transit-Pluto)?

6. STIER-VENUS - FRAGEBOGEN

SELBSTANALYSE

Erstellen Sie zuerst eine Stier-Venusanalyse zu Ihrem Horoskop gemäß dem Analysebogen (noch ohne 5. und 6.). Beantworten Sie dann folgende Fragen.

Genussfreude

1. Inwieweit und in welcher Weise kennen Sie das Thema Genuss und Hingabe an Lust und Sinnlichkeit von zuhause her?

2. Welche positiven oder negativen Vorbilder haben Sie erhalten?

3. Was galt in Ihrer Familie (bei ihrer Mutter/Ihrem Vater) als Genuss?

4. Wie sieht die Grundlage für Genussfreude laut Ihrem Horoskop aus?

5. Welchen Stellenwert nehmen diese Bereiche in Ihrem Leben ein?

6. Mit welchen Argumenten verbieten Sie sich Genuss und Sinnlichkeit?

7. Woher kennen Sie diese Anti-Slogans?

8. Wo finden Sie sie in Ihrem Horoskop wieder?

9. Wie können Sie diese Konstellationen konstruktiver

umsetzen?

10. Welche konkreten Schritte können Sie ab jetzt unternehmen, um Ihr Leben genussvoller und sinnlicher zu gestalten? a. alleine. b. mit anderen Menschen. Beachten Sie dabei den gesamten Analysebogen.

Sicherheit

1. Woraus bauen Sie Ihrer Meinung nach zurzeit Ihr Sicherheitsgefühl auf?

2. Was ist davon Ihre eigene Produktion, was machen Sie von der Außenwelt abhängig?

3. Wie können Sie die nach außen abgegebenen "Sicherheitsmaßnahmen" wieder selbst in die Hand nehmen, selbst erledigen, selbst abdecken?

4. Welche Eigenschaften und Fähigkeiten können Sie gemäß Ihres Horoskops entwickeln, um sich selbst das Gefühl der Sicherheit zu vermitteln?

5. Welche äußeren Projektionsflächen/symbolische Auslebemöglichkeiten unterstützen Sie darin (Sportgeräte, Sparbriefe, Bücher, schöne Möbel, Gerätschaften für kreative Tätigkeiten, Arbeitsmittel, schöne Garderobe, Horrorkrimis, akademische Titel, gut klingender Beruf, neueste Technik, Meditationskassetten)?

6. Machen Sie sich mit Hilfe des Analysebogens eine Liste zu den Punkten 1. bis 4. (d.h. ohne Personar und Prognose) und arbeiten Sie konkrete Formen zur Verwirkli-

chung in Bezug auf den eigenständigen Aufbau Ihres individuellen Sicherheitsgerüstes aus.

7. Notieren Sie zu jedem Punkt einen sofort machbaren Schritt, mit dem Sie in die gewünschte Richtung zur Entwicklung selbständiger Sicherheit gehen wollen.

8. Formulieren Sie Ihr ganz persönliches Wertesystem gemäß den Punkten des Analysebogens.

Innerer und äußerer Besitz

1. Welches Potenzial an innerem Besitz, der sich besonders zur Umsetzung in Geld eignet, zeigt sich für Sie in Ihrem Horoskop?

2. Was ist demnach Ihr größter Besitz, Ihr persönlicher Schatz?

3. In welcher Weise haben Sie diesen bisher entwickelt, zur Oberfläche, auf sichtbaren Hochglanz gebracht?

4. Welche konkrete Form würde Sie ansprechen und tief innen berühren, um ihn zu realisieren, um ihm eine Bühne zu verschaffen und zum Grundstock Ihres materiellen Vermögens werden zu lassen (falls nicht schon passiert), oder welche neue Form könnten Sie ihm - falls erwünscht - verleihen?

5. Malen Sie drei Bilder zu diesem Besitz und benennen Sie sie.

6. Malen Sie mit der Gegenhand zu der normalerweise benutzten langsam und mit Liebe ein Bild zu der Thema-

tik und geben Sie ihm einen Namen.

7. Was möchten Sie sich ab nun gönnen, um diesen Schatz noch mehr zu heben und damit - wie von selbst nach dem Gesetz wie innen - so außen - auch Ihre finanzielle Ebene verbessern bzw. mehr gemäß Ihrem tatsächlichen Wesen zu gestalten?

8. Erstellen Sie sich einen genauen Finanzplan, a. zum Geld verdienen, b. für dessen Einsatz, unter Berücksichtigung Ihrer Gesamtpersönlichkeit, so dass alle Teile in Ihnen davon profitieren können.

Umgang mit Finanzen

1. Zählen Sie für sich eine Assoziationsreihe auf (jeweils so viele Begriffe, wie spontan zu jedem Buchstaben von A-Z kommen, ohne sich einzumischen und zu zensieren) zu dem Thema GELD.

2. Notieren Sie sich die auftauchenden Worte, gegen die Sie sich am meisten sträuben und von denen Sie auf den ersten Blick meinen, nichts mit ihnen zu tun zu haben, sondern ein ganz anderer Mensch zu sein. Sie gehören auch zu Ihnen und warten schon lange darauf, auch an Ihrem Leben teilhaben zu dürfen. Suchen Sie sich eine Form zur Manifestation für sie aus. Sie haben größten Nachholbedarf.

3. Malen Sie ein Bild zum Thema Geld, einmal mit der rechten, einmal mit der linken Hand.
Was können Sie daraus für sich erkennen?

4. Wie gehen Sie laut Ihrem Horoskop mit Geld und Besitz um?

5. Wie hat sich dies in Ihrem bisherigen Leben manifestiert?

6. Falls Sie nicht damit zufrieden sind, welche neue oder andere Form könnten Sie kreieren, um den Umgang wesensgemäßer bzw. produktiver und selbständiger aktiv zu gestalten?

7. Welchen Umgang mit Geld sind Sie von Zuhause bzw. Ihrer Umgebung gewohnt? Inwieweit haben Sie Strukturen und Denkweisen übernommen, die sich nicht mehr förderlich für Ihre Finanzwelt zeigen?
Welchen Gegenpol könnten Sie dazu errichten? Wie sehen die ersten konkreten Schritte dazu aus?

Abgrenzung

1. Schließen Sie die Augen, nachdem Sie die Frage gelesen haben. Stellen Sie sich ein Bild vor, lassen Sie es eher auftauchen und vor Ihrem geistigen Auge entstehen: Das Bild eines Hauses, das Sie von außen sehen und das eingezäunt ist. Was sehen Sie spontan?

2. Malen Sie hierzu, gleich im Anschluss je ein Bild mit der rechten und mit der linken Hand und benennen Sie diese jeweils.

3. Wie sieht Ihre Art der Abgrenzung laut der astrologischen Analyse aus?

4. Als was für ein Tier würden Sie sich in Ihrer Abgrenzungsart bezeichnen? Wie verteidigen Sie zurzeit Ihr Revier in Ihrem Leben?

5. Welche Fähigkeiten und Eigenschaften wollen Sie noch mehr aktivieren und zum Ausdruck bringen, um Ihren Eigenraum klar und deutlich abzustecken?

6. Was können Sie als erstes dafür tun?

Folgende Fragen können Sie beantworten, nachdem Sie die Beziehungs- und Familienanalyse bearbeitet haben:

1. Welche Ihrer Konstellationen überschneiden sich mit denen Ihrer Eltern, dem analysierten Partner und der vierten Person?

2. Wie werden diese von der jeweiligen Person umgesetzt?

3. Wo könnten Sie Ihrer Meinung nach bisher Ihre eigenen Kräfte auf diese Personen projiziert und dort geehrt oder bekämpft haben?

4. Welche Möglichkeiten sehen Sie, diese Energieverschiebung nach außen zurückzunehmen und das Potenzial in Ihrer individuellen Weise aktiv zu verwirklichen?

5. Wie könnten die ersten Schritte dazu aussehen?

BEZIEHUNGS- UND FAMILIENANALYSE

Beantworten Sie folgende Fragen (bitte nicht am gleichen Tag) für A) Ihre Mutter, B) Ihren Vater, C) einen wichtigen Partner in Ihrem Leben, D) eine Person, mit der Sie wegen Geld, Besitz, Finanzen, Ihrem Sicherheits- und Abgrenzungsbedürfnis einen engen Bezug haben (angenehm oder unangenehm).

Erstellen Sie zuerst jeweils eine Stier-Venusanalyse.

1. Welche Genussfreude entspricht der jeweiligen Person?
Wie setzt sie sie zurzeit um?
Welche Ratschläge würden Sie ihr geben, um ihr Leben mehr genießen und mit Sinnlichkeit erfüllen zu können?

2. Was vermittelt der jeweiligen Person astrologisch betrachtet am stärksten Sicherheit?
In welcher Form gibt sie sich diese momentan in ihrem Leben?
Welche Veränderungen/Verbesserungen könnten Sie ihr empfehlen?

3. Auf welcher Art des inneren Besitzes könnte die jeweilige Person ihre finanzielle Basis aufbauen?
In welcher Weise gelangt sie zurzeit zu Geld und Besitz?
Sehen Sie Möglichkeiten, wie sie aktiver und konstruktiver, ihrem Wesen gemäßer ihre finanziellen Bedürfnisse abdecken könnte?

4. Wie geht diese Person mit ihrem Geld um?
Wie sieht astrologisch betrachtet ihre Art des Umgangs mit Geld aus?
Was wäre Ihr astrologischer Ratschlag?

5. Welche Form der Abgrenzung ist bei der jeweiligen Person aus astrologischer Sicht zu erwarten? Wie setzt sie diese Art und Weise in ihrem Leben um? Welche Förderung zur Veränderung/Verbesserung würden Sie ihr - falls notwendig - vorschlagen?

ANREGUNG ZUR STÄRKUNG DER STIER-VENUS-KRAFT

Wählen Sie eine Möglichkeit, wie Sie Ihren inneren Besitz, der besonders zur Umsetzung zu Geld (natürlich ist Ihre Gesamtheit Ihr innerer Besitz und fließt in irgendeiner Weise in jede Thematik ein) prädestiniert ist, hochhalten, verwöhnen, zu höchsten Ehren kommen und bestmöglich nach außen bringen können, und arbeiten Sie 21 Tage täglich daran. Suchen Sie sich dafür eine Art Arbeit, Zeremonie, Tätigkeit, künstlerisches Tun, Initiative, Körperarbeit, Innenschau, Kommunikation, Weiterbildung, Version der Bewusstseinserweiterung usw.

7. LÖSUNGEN

ÜBUNGEN A

1. Venus im Widder - durch Kampfgeist, Tatkraft, Durchsetzungsvermögen und Initiative

a. im 3. Haus: beim verbalen Knüpfen von Kontakten, in Gesprächen und Diskussionen, durch Verfassen von Artikeln und Büchern, durch neuartige Ideen, auf geistiger Ebene; zusammengefasst: durch ihr neuartiges, kämpferisches Denken, Reden, Schreiben, Aufnehmen und Weitergeben von Wissen und Information.

b. im 10. Haus: im Beruf und beim Aufbau einer eigenen Stabilität und Ordnung, einer eigenen Lebensstruktur; zusammengefasst: durch Initiativen und Pionierarbeit in ihrem Beruf, im Bereich von Beruf (neue Berufe schaffen); durch Durchsetzungskraft und Aktivität im Beruf; durch neuartige Formen, ihre Lebensziele zu erreichen; neue Arten, ihr Leben zu ordnen; durch Kampf für ihre Art von Lebensordnung.

c. im 11. Haus: in Gemeinschaften, Gruppen, im Freundeskreis; für ihre Visionen und Spontanideen; zusammengefasst: durch ihren Kampf für eine Gemeinschaft, für mehr Zusammenarbeit, für Gleichheit und Unabhängigkeit; durch ihre Art von Freiheitskampf.

ÜBUNGEN B

1. Venus im Stier: eine sichere, berechenbare Methode/Möglichkeit finden in folgenden Bereichen:

a. im 4. Haus: in Bezug auf Heim, Wohnen, Bauen (Grundstücks- und Immobilienmarkt, Architektur), Gefühle/Lehre des Innenlebens (emotionale Psychologie), Ernährung, Nahrungsmittelindustrie, Kleidung.

b. im 7. Haus: in Bezug auf Mode, Design, Kosmetik, Schönheit, Kunst, Stil und Geschmack; Partnerschaftsangelegenheiten.

c. im 10. Haus: in Bezug auf ihre Berufung; Ordnung und Struktur schaffen; Gesetze aufstellen und deren Einhaltung kontrollieren; Planung und Organisation; Autorität ausüben; Verantwortung übernehmen.

2.a. Venus in den Zwillingen im 2. Haus: durch die Art von Sprache und verbaler Selbstdarstellung (auch Gestik, Mimik); durch das Denken und Wissen im kaufmännischen Bereich, im Bankwesen, bzgl. Anlagen, Aktien, Börse, Immobilien, Gastronomie (Genießen).

b. Venus im Wassermann im 2. Haus: durch Innovationen, Brüche mit dem Üblichen, dem Traditionellen; durch Einsatz von neuester Technik, durch Befreiung aus zu fest gewordenen Strukturen im Bereich von s.o., in puncto des Wertesystems, der Sicht von Sicherheit und des Umgangs mit Besitz.

ÜBUNGEN C

1. auf ihre geistige Kraft (Auffassungsgabe, Lernvermögen, Fähigkeit zu Verknüpfung und Assoziation), ihr Wissen; ihre sprachlichen Fähigkeiten; ihr Vermögen, verbale Kontakte zu knüpfen; ihre Fähigkeit zu Objektivität, Neutralität und der Betrachtung beider Seiten einer Medaille.

2. a.-c. Venus in den Zwillingen: Einbringen ihrer geistigen und sprachlichen Fähigkeiten

a. im 5. Haus: im kreativen, künstlerischen Bereich, in ihrer Selbstentfaltung, d.h. Schriftstellerei, Schauspielerei; also Schaffung verbaler oder geistiger Werke, die genau die eigene Individualität spiegeln.

b. im 6. Haus: in der Arbeit, in der Analyse, zur Nutzung der gegebenen Umstände, im Gesundheitsbereich; d.h. Analyse durch Gesprächstherapie; naturwissenschaftliche Analyse, in der viel Wissen und Austausch wichtig ist; geistige Feinarbeit, also Tätigkeiten, in denen Sachverhalte bis ins kleinste Detail zerlegt werden müssen; über Arbeit(sformen) und den Zusammenhang von Selbstanalyse/Psychohygiene und Gesundheit Artikel oder Bücher schreiben; Reden, Schreiben, Lesen, Lernen, Sammeln und Weitergabe von Information zu ihrer Arbeit machen.

c. im 12. Haus: im Bereich von Helfen, Heilen, Soziales, Kunst (Dichtung); heilende Worte und Sprache; einfühlsame Gesprächstherapie; andere Art, zu denken und mit Worten umzugehen; Weitergabe alternativer Informationen.

d. Venus im Widder im 3. Haus: durch Aktivität und Initiative, Selbstbehauptung und kämpferische Durchsetzung
im sprachlichen und geistigen Bereich; d.h. kämpferische
Schriften und Reden; neuartiges Denken und Wissen auf
den Markt bringen; schnelle Informationsaufnahme und -
weitergabe; neuartige Kommunikationsmittel; Streitbar-
keit mit Worten und Geist.

ÜBUNGEN D

1. Eine innere! die tiefe Verbundenheit mit ihren Gefühlen, den Wünschen und der Befindlichkeit ihres inneren
Kindes; ein sicheres Zuhause, eine in ihren Augen gemütliche Wohnung, eine nach eigenem Verständnis aufgebau-
te Familie.

2.a. Venus im Krebs im 8. Haus: Tiefes Ergründen der
inneren schwarzen Seite auf gefühlvolle, sehr aufnahme-
fähige, hingebungsvolle Weise; dadurch Aufnahme ver-
drängter Inhalte und entsprechende Sicherheit, um sich
abzugrenzen, und eine besondere Ausstrahlung, die nur
ebenso tief in sich verbundene Menschen anzieht; durch
ein Zuhause (innerlich und äußerlich), das satt durch
Reintegrationsarbeit, machtvoll und selbstbestimmt ist.

b. Venus im Krebs im 9. Haus: indem sie ihre Heimat im
Bildungs-, Weiterentwicklungs-, Expansions-, Religions-
und Bewusstseinsbereich erkennt und ausbaut; durch ihre
emotional begründete Lebensphilosophie und Sichtweise
über Bildung; durch ein Zuhause im Ausland, geistig in
einer fremden Kultur oder Religion.

c. Venus im Steinbock im 4. Haus: durch den Aufbau einer eigenen Struktur, Ordnung und Gesetzmäßigkeit im Bereich von Familie, Wohnen, Bauen, Ernährung, Kleidung und Gefühlswelt; der Art, sich innere Geborgenheit zu schenken. Das emotionale Rückgrat; eigene Ziele und Pläne in Bezug auf Familie, Wohnen, emotionale Kinderversorgung und dem Umgang mit Gefühlen.

ÜBUNGEN E

1. Venus im Löwen: Finanzen durch Kreativität, durch Ausdruck seiner Besonderheit und Einzigartigkeit, durch Eigenständigkeit, durch selbständige Unternehmen in folgenden Bereichen:

a. im 4. Haus: Kinder(erziehung), Familie, Wohnen, Bauen, Kleidung, emotionale Psychologie, gefühlsmäßige Versorgung, Ernährung, Nahrungsmittelindustrie.

b. im 7. Haus: Mode, Design, Schönheit, Stil, Kunst, Ästhetik, freundlicher Umgang und Begegnung, Partnerschaftsbelange.

c. im 11. Haus: in der Gemeinschaft, im Team, in avantgardistischen Bereichen, neuester Technik, Computer, Elektrizität, Befreiung von Überholtem, Innovationen.

d. im 12. Haus: in der Kunst, im (natürlichen) Heilwesen, in helfenden Tätigkeiten, im sozialen Bereich; Mystik, Meditation, Spiritualität.

ÜBUNGEN F

1. Arbeit, analytische Fähigkeiten; Nutzung des Status quo; Taktik und Strategie; Einsatz von Vernunft und rationalem Geist; Dienstbarkeit/Dienstleistungsgewerbe; Gesundheitsbewusstsein; innere und äußere Reinigung.

2.a. Venus in der Jungfrau im 5. Haus: kreative Arbeit; Analyse ihrer Individualität und einzigartigen Fähigkeiten; vernünftige, gut durchdachte Selbstentfaltung; Arbeit in ihrem selbständigen Unternehmen.

b. Venus in der Jungfrau im 9. Haus: Einsatz ihrer analytischen Fähigkeiten im Bereich von (Weiter)Bildung, Bewusstseinserweiterung, Finden ihrer Lebensphilosophie und ihres Religionsverständnisses; auf Vernunft begründete Weltanschauung und Religion; vernünftige Ausbildung; Arbeit im Bildungswesen oder der Tourismusbranche; Arbeit, die Erfüllung und Expansionsmöglichkeiten bietet.

c. Venus im Widder im 6. Haus: Entwicklung von Körperkraft, Trieb, Sportlichkeit, Durchsetzungsvermögen; Fähigkeit, neue Aktionen zu starten, Pionierarbeit zu leisten, völlig neue Wege zu gehen und Formen zu finden bei ihrer Arbeit, der Art der Analyse, der Verwertung der gegebenen Umstände, des Dienens; neue Arbeits- und Analyseweisen entwickeln.

d. Venus in den Zwillingen im 6. Haus: bester Wissens- und Informationsstand, rhetorische Fähigkeiten, Artikulationsvermögen, gute Auffassungsgabe; Fähigkeit, pedantisch genau Informationen zu sammeln und weiterzugeben; vernünftiges, praktisches, anwendbares Wissen zu besitzen; ihre geistige und sprachliche Kraft in ihre Arbeit einfließen lassen zu können; Wissen über Gesundheit und Hygiene (innen und außen).

ÜBUNGEN G

1. Weil ihr Hauptbedürfnis in der Verbindung, der Offenheit, dem Entgegenkommen, dem Eingehen auf ihr Gegenüber liegt; weil sie die Zweisamkeit sucht, den Einklang, die Harmonie um jeden Preis, auch wenn sie sich dann nicht mehr als eigene Person abgrenzen kann.

2. a. Venus in der Waage im 8. Haus: eine intensive, leidenschaftliche, ausschließliche, Beziehung; Macht gegenüber dem Partner zu haben oder allgemein Machtspiele in der Beziehung; sich mit Hilfe des Partners ganz tief kennen zu lernen, auch an ihre abgespaltenen inneren Wesensteile heranzukommen.

b. Venus in der Waage im 10. Haus: viele Begegnungen in ihrem Berufsleben; beruflich mit dem Partner zusammenarbeiten; Geschäftsbeziehungen aufbauen; ihren Schönheitssinn und ihre Attraktivität in den Beruf einbringen; Stabilität durch eine Partnerschaft, durch die eigene Beziehungsform zu erreichen; eine auf Treue, Zuverlässigkeit und Dauerhaftigkeit angelegte Beziehung.

c. Venus in der Waage im 12. Haus: ungewöhnlichen, "anderen" Geschmack und Stil zu haben; Attraktivität für sich mit ganz anderen Werten zu belegen; eine Beziehung zu haben, die Alleinsein und tiefe Verschmelzung mit dem Partner in sich vereint; Einheit mit dem Partner; unvernünftige Partner(schaften); als Übergang: Entfernungsbeziehungen.

ÜBUNGEN H

1. Durch extreme, intensive Ausstrahlung, die sie sich aufgrund der Wiederverbindung mit ihrer dunklen Seite entwickelt hat; Ausstrahlung von Totalität und Macht; durch Kompromisslosigkeit.

2.a. Venus im Skorpion im 2. Haus: Macht durch Geld; leidenschaftliche, totale Sinnlichkeit; Tiefgang in sich durch Konfrontation mit Finanzangelegenheiten; die Fähigkeit entwickeln, sich von der rein materiellen Sicherheit zu verabschieden.

b. Venus im Skorpion im 6. Haus: Tiefenanalyse; forschende Arbeit; extremer Sauberkeitszustand (innen und außen); Arbeit, in der sie alle Tiefen ausloten kann, in der sie sich mit Tabuthemen befasst, in der sie mit Verdrängtem zu tun hat, in der sie gruselige Dinge tut, in der sie Therapie betreibt, in der sie Macht erlangen kann.

c. Venus im Skorpion im 11. Haus: Gruppentherapie; Innenforschung im Freundeskreis; gemeinschaftliche Forschungstätigkeiten; Abstand zu ihren dunklen Tiefen haben zu können; Selbstbefreiung durch intensive Therapien.

ÜBUNGEN I

1. Venus im Schützen: Mit Hilfe ihrer Lebensphilosophie, ihrer Bildung, ihres weiten Bewusstseins, ihres Expansionsstrebens, ihrer zuversichtlichen, großzügigen Lebenshaltung, die sich

a. im 1. Haus: in ihren Initiativen, Pilotprojekten, Aktivitäten, Kämpfen für die Selbstbehauptung niederschlagen; Kampf für ihre Religionssichtweise; Aufbau eines neuen Bildungswesens.

b. im 10. Haus: in ihrer beruflichen Tätigkeit, ihrem Auftritt in der Öffentlichkeit zeigen; durch Stabilität und Ordnung in und mit ihrem Weltbild und ihrer religiösen Sichtweise; akademische Titel; Beruf im Bildungswesen, der Reisebranche oder dem Gebiet der Bewusstseinserweiterung.

2. a. Venus in den Zwillingen im 9. Haus: Vorträge, Artikel oder Bücher über Religion, Bewusstheit, Sinn des Lebens, Weiterbildung und Weiterentwicklung; Fähigkeit, sich gebildet zu artikulieren; Fremdsprachen; viel reden können; weiter Geist und Horizont; Fähigkeit, große Mengen an Information und Wissen aufzunehmen und wieder zu vermitteln; jede Form von Dozentendasein.

b. Venus in den Fischen im 9. Haus: mystisch geprägte Religiosität; andere ungewöhnliche, die Verbindung mit einer größeren Einheit anstrebende Religion oder Lebensphilosophie; Dozent für Theologie und alle anderen Versionen der Wiederverbindung mit dem Ganzen (in sich und damit auch außen); alternative Bildungsinstitute; Weiterbildungen im sozialen oder heilenden Bereich oder in der Kunst.

ÜBUNGEN J

1. Stabilität, Zuverlässigkeit, Kontinuität, Ordnung, Realitätssinn, Ausdauer, Durchhaltevermögen, Leistungskraft, Verantwortungsbewusstsein, Selbstdisziplin.

2.a. Venus im Steinbock im 4. Haus: Fähigkeit zur Ordnung ihrer Gefühlswelt, zum Aufbau eines emotionalen Rückgrats, zu gefühlsmäßiger Treue; zu Ordnung im eigenen Heim, in ihrer Familie, ihrer Art der Ernährung; Traditionsverbundenheit in besagten Bereichen, bis die eigenen Gesetzmäßigkeiten, Richtlinien und Wertmaßstäbe entwickelt und umgesetzt sind.

b. Venus im Steinbock im 7. Haus: eine eigene Beziehungsordnung und -struktur errichten zu können; ein zuverlässiger, verantwortungsbewusster Partner zu sein; eine Beziehung auf lange Dauer hin auslegen und langsam aufbauen; Halt in der eigenen Art, für sich Schönheit und Attraktivität zu definieren.

c. Venus im Steinbock im 11. Haus: Ordnung, Struktur, genaue Ziele und Planung in eine Gemeinschaftsaktion einbringen, in den Freundeskreis, in ihre Visionen; eine gut geplante, zielgerichtete Befreiungsaktion von alten Begrenzungen; Fähigkeit zur Manifestation ihres Bedürfnisses nach Unabhängigkeit (reale Umsetzung); Verbindung herstellen von Stabilität und Freiheit.

ÜBUNGEN K

1. Freiraum, Luft für ihre Experimentierfreude, Möglichkeit zum Ausbruch; Möglichkeit zu Abwechslung, Spannung und Vielseitigkeit.

2.a. Venus im Wassermann im 1. Haus: ungewöhnliche Sportarten, sportliche Aktivitäten, Initiativen. Neue Projekte starten, die Freiheit und Ausbruch fördern (geistig, seelisch, körperlich); unterschiedliche "Kampfeinsätze" für Gleichheit, Teamgeist und Unabhängigkeit; freier Umgang mit Triebhaftigkeit und Sexualität; allgemein: unregelmäßige Tätigkeiten, die ständig die Möglichkeit bieten, etwas Neues in Angriff zu nehmen.

b. Venus im Wassermann im 3. Haus: Spontanideen und Geistesblitze aufschreiben oder anderweitig verbreiten; unkonventionelle Gedankengänge und Sichtweisen verkaufen; ungewöhnliche, neuartige Sprache entwickeln; visionäre Bücher, science-fiction schreiben; zur Befreiung, zum Ausbruch in Büchern, Reden, Kursen anregen; freies Denken vermitteln.

c. Venus im Wassermann im 9. Haus: freiheitliches Bildungswesen entwickeln oder darin ihr Geld verdienen; Ausbruch aus veralteten, überholten, traditionellen Religionsmustern propagieren; Entwurf eines originellen Weltbildes, das den freien Menschen als Ziel hat; Teamarbeit im Bildungs- oder Bewusstseinserweiterungsbereich.

3.a. Venus im Löwen im 11. Haus: durch unkonventionelle kreative Tätigkeiten und Werke; durch freiheitsorientierte Selbstentfaltung; durch freie Handlungsfähigkeit;

durch Souveränität und Selbstbewusstsein im Freundeskreis und in der Gemeinschaft.

b. Venus in der Jungfrau im 11. Haus: durch eine freie
Arbeitsform, durch Befreiung mit Hilfe von Vernunft und
Analyse, durch eine ungewöhnliche, unkonventionelle
Arbeit(sweise); durch ihre Art der Zusammenarbeit mit
Freunden oder in einer Gemeinschaft.

ÜBUNGEN L

1. Da sie das tiefe Bedürfnis hat, mit ihrer Umgebung zu
verschmelzen, eine Einheit zu werden und dabei alle
Grenzen aufzulösen, eins zu werden mit jedem, dem sie
begegnet.

2. Die Entwicklung ihrer heilenden Kräfte, ihres helfenden, sozial orientierten Wesens, ihrer künstlerischen Talente, ihres Andersseins, durch die Verwirklichung ihrer
Träume und Sehnsüchte.

3.a. Venus in den Fischen im 8. Haus: Therapie mit feinstofflichen, sehr weichen Heilweisen mitmachen oder
selbst anbieten; Wiederkontakt mit dem Abgespaltenen,
d.h. Aufbau einer inneren Ganzheit, einer inneren Verschmelzung von Bewusstem und Unbewusstem, der wirklichen Sehnsucht, die hinter der Suche nach dem Ganzen
im Äußeren und der Verbindung mit diesem eigentlich
steckt (innere Verschmelzung, auch dann besteht erst eine
reale Möglichkeit zur äußeren tiefen Verbundenheit); d.h.

es entsteht die Wahl, ob man als vollständig gewordener Mensch sich auch noch mit dem Äußeren (in Form einer Person oder Sache; mit dem großen Ganzen ist man ohnehin immer verbunden) verbindet oder sich abgrenzen möchte. Die Sucht nach Außenverschmelzung verliert sich; die Angst vor dem unbewussten Inneren, die einem ebenso oft nach außen getrieben hat, löst sich auf.

b. Venus in den Fischen im 10. Haus: berufliche Tätigkeit in den Bereichen Naturheilkunde, Spiritualität, feinstoffliches Heilen, Helfen, Sozialarbeit, Musik, Poesie und andere Künste; unregelmäßige Arbeitszeiten; keine konventionellen Berufe; Ausbruch aus rein sicherheitsorientierten, vernünftigen Berufsbildern.

ÜBER DIE AUTORIN

Beate Helm ist Heilpraktikerin und hat über 30 Jahre Erfahrung mit psychologischer Astrologie, feinstofflichen Heilweisen, Körper- und Energiearbeit und Meditation. Sie hat in ihrer Arbeit schon früh Methoden der systemischen Kurzzeittherapie und Horoskopaufstellungen eingesetzt. Ihr fundiertes Wissen hat sie in der vorliegenden Astrologie-Ausbildung strukturiert, spannend und gut verständlich zusammengefasst - für neugierige Laien und für erfahrene Astrologiebegeisterte, die ihre Methoden der astrologischen Arbeit erweitern möchten.

Weitere Publikationen im Satya-Verlag: Astrotherapie * Das Weib im Horoskop – Lilith und die Asteroiden * Astrologie und Meditation * Horoskope deuten * Das Mädchen Namenlos - Ein spirituelles Märchen * Bach-Blüten und Bewusstseinsarbeit * Kalifornische Blüten und Bewusstseinsarbeit * Bach-Blüten und kalifornische Blüten von A-Z – Kompendium * Was Sie schon immer über Astrologie wissen wollten.

Weitere Infos: www.satya-verlag.de